はじめに

投資と聞くと、「何やら難しそう」と思う人は少なくないのではないでしょうか。

株式などへの投資によって資産を増やすことができれば、日常生活、起業、結婚、子育どでお金の不安が軽くなり、ゆとりのある生活を手に入れられる可能性が高まり

年1月からスタートする新しいNISA（少額投資非課税制度）では非課税の保無期限となり、生涯で使える投資枠は合計で1800万円になります。ますます投の資産づくりにとって欠かせない存在となるでしょう。

ん投資がうまくいかなければ、資産が減るリスクがあることにも注意が必要です。クを減らすには、知識を身につけて備えるのが最善の道なのです。

これから投資を始めようという初心者、うろ覚えの知識を基礎から確認したいという投資家に向けて日経電子版に公開した「キソから！ 投資アカデミー」を書籍化しました。この本は2022年4月から授業で金融教育がスタートし、投資に興味を持ち始めた高校生も対象にしています。

新聞記事、会社の決算資料、投資情報サイト、証券会社のホームページなどで目にする多くの事項の中で、まずは押さえておきたいキーワードやテーマを厳選し、説明しています。よりわかりやすくするために、図表やグラフもたくさん盛り込みました。中上級者であっても読み応えのある内容を目指しています。

国内外の株式、金利・為替、コモディティー（商品）のマーケットを第一線で取材する記者が執筆し、長い記者経験を持つデスクが編集を担当しました。

一冊で株式から商品まで幅広くカバーしたことが、類書には見られない本書の特徴と自負しています。

本書は最初から読んでいただいても、関心のあるテーマからお読みいただいても結構です。「これって何だっけ?」と疑問に思ったときに、いつでも読めるように持ち運びやすい新書サイズにしています。

投資を始める、続ける読者にとっての座右の書となることを願ってやみません。

2023年8月

日本経済新聞社　市場グループ

［第2章］投資信託から始めてみよう 99

〔第3章〕為替の仕組みを理解しよう　111

〔第4章〕債券の基本を学ぼう 139

［第5章］商品の知識を身につけよう 189

第1章

株式について知ろう

1 株とはそもそも何か？

□会社のオーナー＝株主

まず最初に株式の基本的な仕組みや役割を説明します。株式とは株式会社における株主としての持ち分で、株主の権利を表しています。一般的には株券そのものを指してこれを「株式」と呼んでいます。

株式は株式会社が事業を進めていくうえで広く資金を集めるために発行します。投資家は会社にお金を出すかわりに株式を受け取ることで株主になります。上場企業の場合は、すでに発行された株式を市場で自由に売買することができるので、証券口座を開いて株式を市場で購入すれば、誰でも株主になることができます。

投資家は株式投資によって様々な利益を得られます。代表的なのが「キャピタルゲイン」

図表1-1　株式市場の仕組み

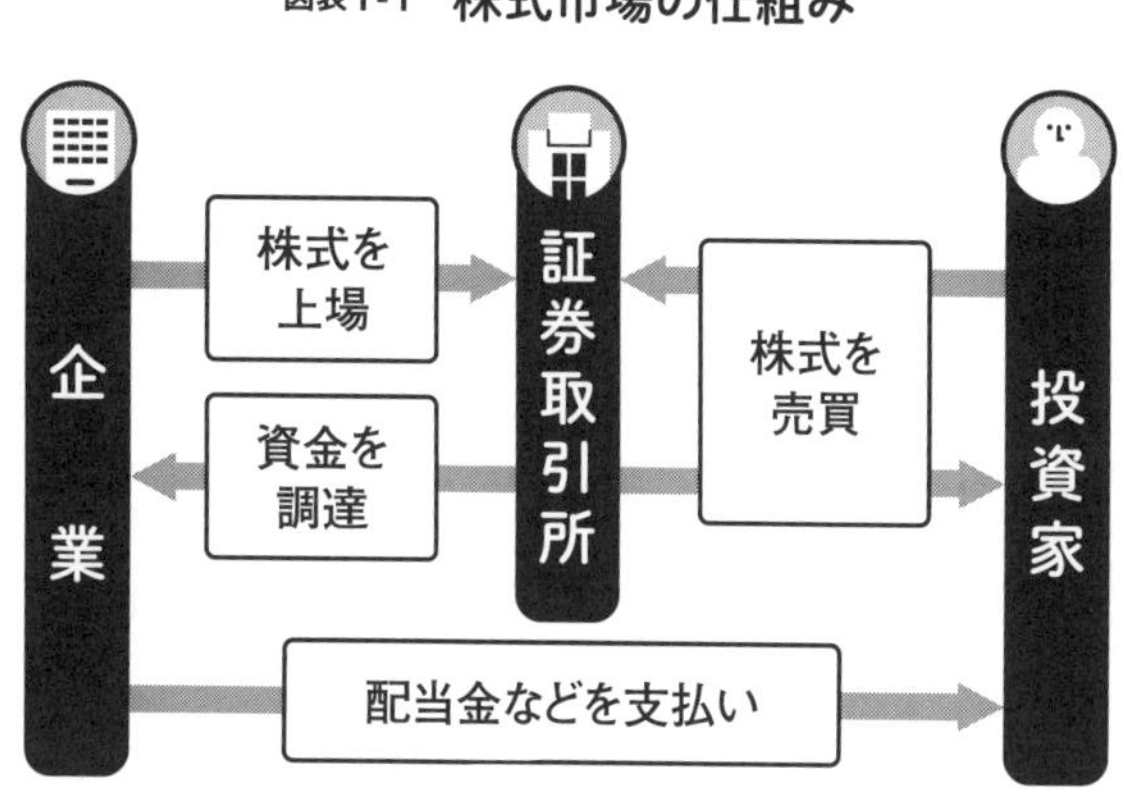

で、株価が上昇した株式を売却することによって得られる利益のことをいいます。企業が収益の一部を株主に分配することで得られる配当収入は「インカムゲイン」と呼ばれます。企業が株主に自社製品やサービスなどを提供する株主優待制度もあります。

1株当たりの価格である株価は、企業の業績や景気の動向のほか、投資家による売買の影響を受け、刻々と変動します。

個々の株価を一定の基準で集計し指数化したものが株価指数です。代表的なものには、東京証券取引所（東証）プライム市場に上場する企業のうち、225社の株式にもとづいて算出する「日経平均株価」や、主に東証の旧市場区分である1部市場に上場していた銘柄を対象とする「東証株価指数（TOPIX）」などがあります。株式相場全体の流れを把握するのに株価指数は大切で、経済活動の調子を測る役割も果たしています。

株式投資をする際に理解しておきたいのは、株式が預貯金や債券に比べリスク（危険度）の高い金融商品だということです。なぜなら、株式は債券などに比べ価格の変動が激しいうえ、投資した企業が破綻したら、株券が紙くずになってしまう危険があるからです。ただ、所有している株券の価値以上の損失を被る(こうむ)ことはありません。

□会社の一部を持った人の特権

株式投資の目的は、ただ利益を得るだけではありません。株式の持ち主になるということは、会社の一部を持つことと同じ意味で、会社に対して様々な権利を持つことになります。具体的に「経営参加権」「利益配当請求権」「残余財産分配請求権」に分けて説明します。

まず株主は「経営参加権」にもとづいて株主総会に出席します。定款(ていかん)（会社の目的や組織・運営に関するルール）の変更を決定したり、取締役、監査役といった会社の役員を選任したりして間接的に経営に参加します。このように、株主が株主総会で議案を決議する権利を議決権と呼びます。

「利益配当請求権」は会社が生み出した利益の配当を受ける権利です。会社は利益を源泉として株主に配当を支払います。この収入が前述した「インカムゲイン」のことで、配当金額は株主総会で決まります。

「残余財産分配請求権」は会社が倒産するなどして解散した場合に行使されます。会社が借金を返済し、後に財産が残った場合、持ち株数に応じて残った財産（残余財産）の分配を受ける権利です。

□株価が動く背景に「ニュース」あり

株式市場では株価を動かすニュースのことを「材料」と呼びます。政治イベントや為替相場、経済指標など相場全体にかかわる材料から決算発表や社長交代、不祥事など個別の材料まで多岐にわたります。大ニュースでも相場が反応しなかったり、小さいニュースでも敏感に株価が動いたり、株式市場の反応は局面ごとに千差万別です。今回はニュースと株価の関係について、紹介します。

まず、株価に影響を及ぼすのは金融政策や経済統計などファンダメンタルズ（経済の基礎的条件）に関するニュースです。

例えば、２０２２年12月20日昼に、日本銀行（日銀）は長期金利の変動幅を拡大する金融政策の方針転換を発表しました。実質的な長期金利の上昇は、株式市場全体にとって借入金の金利上昇などにつながる悪い材料になります。そのため、同日の日経平均株価は後場から前日比６６９円安と急落しました。

個別の銘柄やセクターに目を移してみると、同じニュースでも別の反応をする場合があります。例えば、三菱ＵＦＪフィナンシャル・グループの同日の株価は、前日比６％高と急伸しました。銀行株にとっての金利上昇は、一般的に融資などの利ざや（貸したお金の金利で生じる利益）が増えるという期待を高める好材料になるのです。

図表1-2　三菱UFJフィナンシャル・グループの株価推移

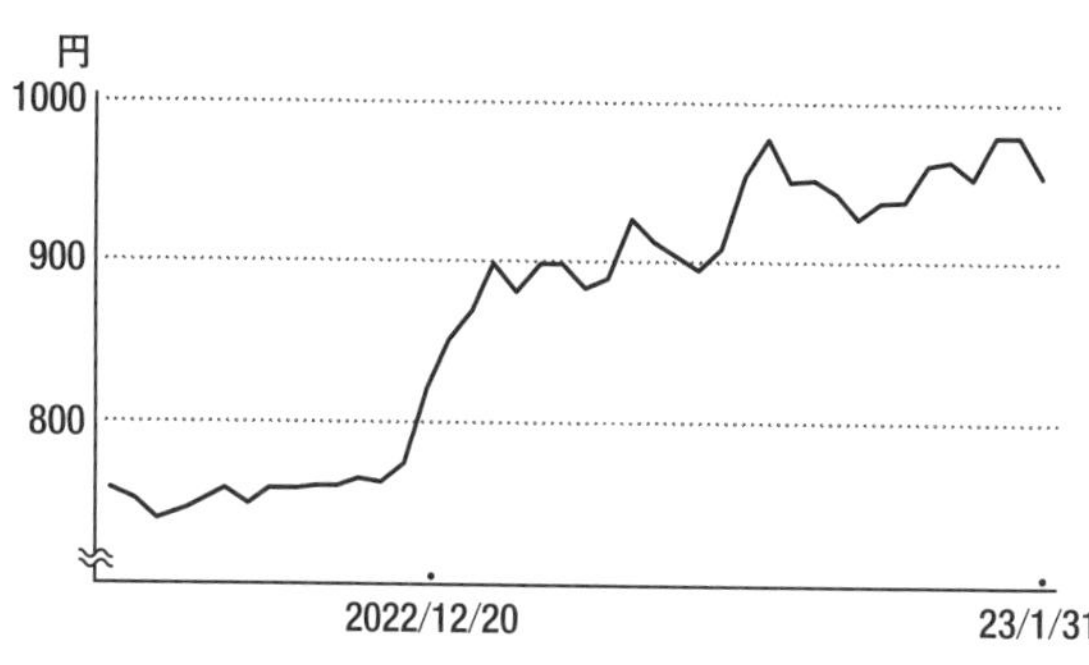

経済統計以外の指標も株価に影響を与えます。例えば、原油高は製造コストや輸送費の上昇を招くと見られています。22年の原油価格高騰局面では空運株や素材株、自動車株などにとっては原油高が株価の足を引っ張る材料となりました。一方で、原油価格の上昇で収益拡大の期待が高まる石油や商社などの資源株に人気が集まりました。

さらに、業績関連の材料にも株価は敏感に反応します。一般的に増益なら株価は上昇、減益なら株価は下落します。企業が決算発表の前に業績予想を修正したり、新聞などで増益や減益に関する観測記事が流れた場合も同様です。

ところが、株価は企業が発表した内容に対して、逆の動きをすることもあります。

レーザーテックが23年1月31日の取引終了後に発表した22年7～12月期決算は連結売上高が前年同期比約49％増、純利益も約40％増と良い内容でした。ですが株価は翌日の2月1日に14％安と急落しました。

こうした事例では好決算への期待から先回りして投資家の「買い」が入っており、株価はすでに上昇していた状況でした。そこで、決算発表を機に利益確定のタイミングを探っていた投資家が「売り」に動いたため、株価は下落したのです。こうした動きを市場では「材料出尽くし」と呼びます。

また、増資や自社株買いなども株価の変動要因になります。増資すれば企業の利益が変わらないのに市場に出回る株数が増えるわけですから、1株当たりの利益が薄まります。このため、一般的に新株の発行が決議されると、株価の下げを招きやすくなります。逆に自社株買いを発表した場合は市場に出回る株数が減るため、株価は上がるケースが多くなります。

ある材料に相場がどう反応するのかは、金利をはじめとしたより大きな相場の雰囲気でも変わります。そのため、売買タイミングを見極めるのはそれだけ難しいといえます。

□株主は企業の利益をもらえる

株価が動く理由には「配当」もあります。配当は企業が得た利益を株主に分配する手段で、金額は1株当たりで示します。3月期決算の企業の場合、3月末と9月末に株主名簿をチェックして、名前が載っている株主に期末配当と中間配当を払うのが一般的です。持っている株数が多いほど、得られる配当も増えます。

東証プライム市場に上場する企業の7割近くは3月期決算です（２０２３年7月上旬時点）。配当をめぐる思惑による株価の動きも、3月末や9月末に向けて鮮明になります。企業が配当を出すタイミングや、配当の増減のニュースによって株価も上下します。

株主が配当を受け取るには、企業が配当を払う株主を決める日（権利確定日）までに株主名簿に名前が載っていなければなりません。株を買っても、すぐに名前が載るわけではなく、権利確定日の2営業日前（権利付き最終売買日）までに株を買う必要があります。

□知っておきたい配当利回りについて

個別銘柄の配当が高いかどうかを判断する目安の一つが「配当利回り」です。配当利回りは、1株当たりの年間配当額を株価で割って計算します。配当利回りが高い銘柄は、権利付き最終売買日が近づくと配当を狙った買いが集まりやすいため、株価が上がる傾向があります。

実際に配当利回りが高い銘柄の株価の動きを見てみましょう。プライム市場に上場する銘柄を、2023年2月6日時点で配当利回りが高い順に並べると、上位には海運株や資源株の銘柄が並んでいます。特に、日本郵船と商船三井の配当利回りは16％台で、他銘柄を大きく引き離しています。

21年末から22年3月期末にかけての株価を振り返ると、日本郵船株は期末配当の権利付き最終売買日である3月29日までの間に2割以上上がりました。業種別日経平均株価の海運株

図表 1-3　高配当利回り銘柄の株価推移

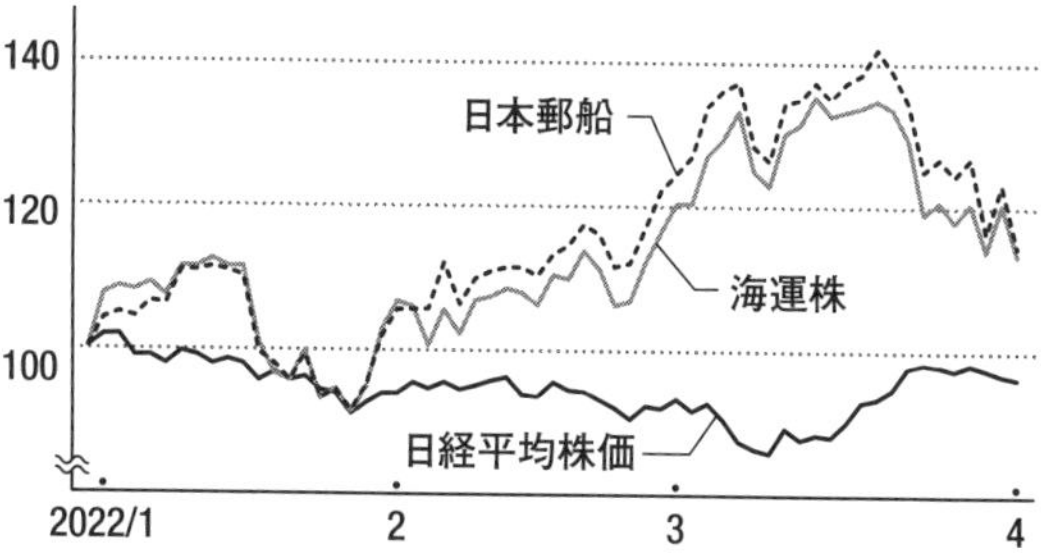

注：2021 年末を 100 として指数化

も２割ほど上がっています。同じ期間に日経平均株価は２％下がるなか、配当狙いの買いが株価を押し上げたようです。

配当に関連して、覚えておくべきなのが「権利落ち」です。権利付き最終売買日を過ぎて配当を受ける権利がなくなり、その分理論上の株価が下がるのが権利落ちです。株価は理論上、配当分だけ下がります。例えば、株価が１０００円の銘柄で1株の配当が10円であれば、権利落ちをした株価は10円安い９９０円となる計算です。長い目で配当収入を考えるのであれば、権利落ちした株を安く買う手もあります。

配当を増やすことを「増配」、配当を中断していた企業が配当を復活させることを「復配」といいます。増配や復配が伝えられると株価に上昇圧力がかかりやすくなります。一方で、配当を減らすことを「減配」、配当を出さないことを「無配」といい、減配や無配になると、売りが出て株価の下落要因になることもあります。

配当利回りが高いとされる業種も移り変わるので注意が必要です。かつて電力株は配当利回りが高い銘柄の代表格とされましたが、23年3月期は、燃料高などの影響で多くが無配に転落しています。

□株式市場には誰がいる?

株価は企業業績や金利などに加え、誰が、いつ、どれだけの株式を売買するかといった需給の影響も受けます。だからこそ、誰が買ったり売ったりしているかを示す需給情報は、株式相場の動きを考えるうえで重要なヒントになります。個人投資家に加えて、年金基金などの機関投資家や海外投資家といった市場参加者それぞれの投資行動をつかむことが重要です。

図表1-4　主な投資主体の特徴

投資主体		取引の特徴
海外投資家	日本に拠点のない機関投資家または個人投資家	相場の流れを追う「順張り」戦略が多いとされる。上昇局面で買越額が増えれば一段高の期待も
個人	国内の個人投資家	相場の流れに反する「逆張り」戦略が多いとされる。下落局面で買越額が増えれば底入れ期待も
事業法人	証券会社を除く株式会社など	企業による自社株買いが反映される。相場急落局面で買越額が膨らみやすい
信託銀行	年金基金などの取引を受託する信託銀行	多くの年金基金は株に振り向ける割合を決めているため、株価下落で買越額が膨らみやすい

需給バランスを把握するために注目されるのが、日本取引所グループ（JPX）が公表する投資部門別売買状況です。

毎週第4営業日、祝日がなければ木曜日の午後3時に前週分のデータが公表されます。証券会社などには発表されたデータを見やすくまとめ、ホームページなどで解説しているところもあります。

データから海外投資家、個人、金融機関などによる株式の売買金額と売買高がわかります。市場関係者は

図表 1-5　海外投資家の売買動向と株価の関連

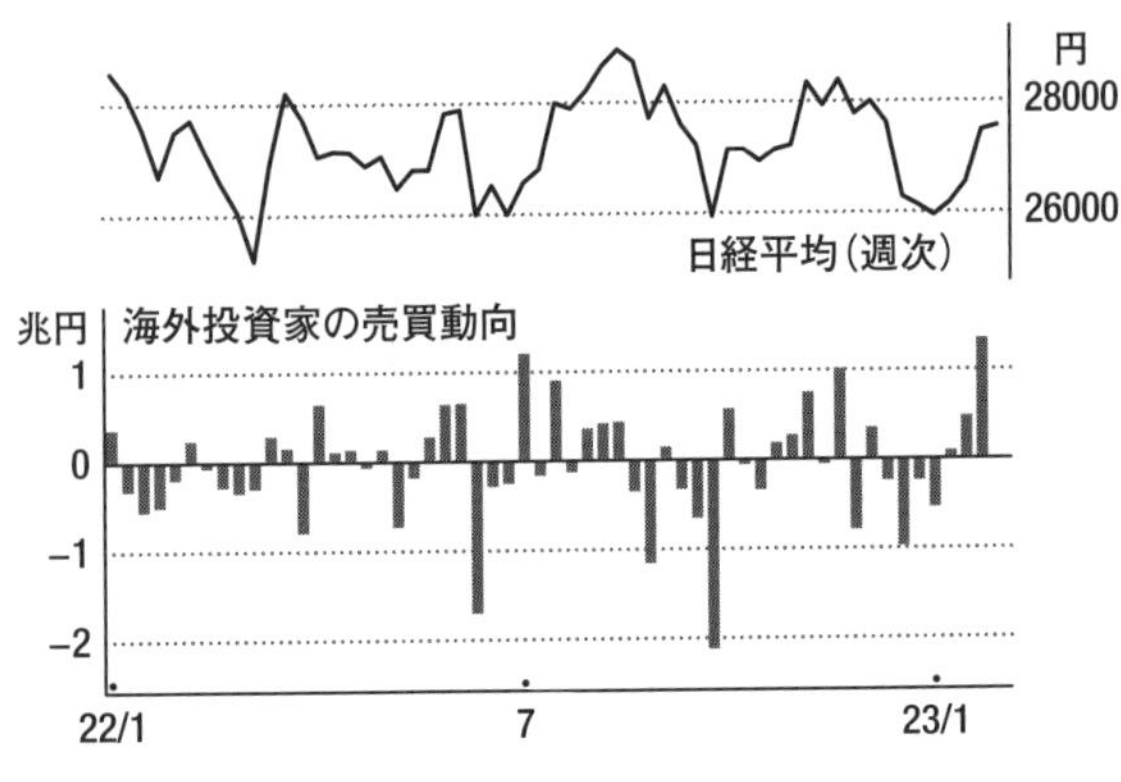

注：売買動向は現物・先物の合計
出所：日本取引所グループ

投資家（投資主体）ごとの売りと買いの差し引きの金額に注目しています。売った金額が買った金額を上回れば「売り越し」となり、逆の場合は「買い越し」となります。売買の合計金額の増減を見れば、取引がどの程度活発なのかもわかります。

海外投資家には日本に拠点のない機関投資家だけでなく、海外の個人も含まれます。2022年の東証プライム市場の年間売買代金のうち約7割を海外投資家が占めました。海外勢の存在感は大きく、相場のトレンドを形成しているといっていいでしょう。

海外勢の売買の特徴は、株価が上昇してい

るときに買い、下落局面で売る「順張り」の戦略をとることが多い点です。株価の上昇局面で買い越しが続いていれば、一段高（さらに株価が上がること）の期待が高まります。一方、個人投資家は反対に株価が上がると売り、下がると買うという「逆張り」の傾向が強いとされます。

例えば、日銀が金融緩和策の一部修正を発表し日経平均が大幅に下落した22年12月19～23日の週の売買動向を見ると、その傾向は明らかです。海外投資家は現物株と先物の合計で1兆53億円売り越したのに対し、個人投資家は３７４３億円の買い越しでした。

事業法人と信託銀行も相場に影響を与える投資主体です。

事業法人とは証券会社以外の株式会社などを指し、その売買動向からは企業の自社株買いの状況がわかります。日本企業は近年、株主還元や資本効率改善のため自社株買いを積極的に進める傾向があり、事業法人は日本株の買い手となっています。

信託銀行には取引を受託している年金基金の売買が反映されます。年金積立金管理運用独立行政法人（ＧＰＩＦ）などは保有する資産の割合を定めているため、株価が下落し保有資産に占める株式の割合が下がると調整の買いが入ります。

下落局面で事業法人や信託銀行の買越額が増えていれば、相場の底入れ期待が出てきやすくなります。

長い目で投資主体の傾向を見ることも重要です。例えば、相場のトレンドを主導する海外投資家の売り越しが続いていると、何か好材料となるきっかけがあれば大幅に買い越す余地があるとも考えられます。景気の動向や金利、企業業績などに加えて需給にも注目することで、相場の波を味方につけやすくなるでしょう。

□企業の通知表で業績をつかむ

株価を決める最も重要な要素と考えられているのが、企業の業績です。より多くの利益を稼ぎ出す企業は投資家の人気が集まりやすく、株価が上昇する可能性は高いといえます。半面、成長性に乏しく利益をほとんど出していない企業の株を買う投資家は少ないため、株価は低迷する場合が多いといえます。

業績の確認には、企業が決算発表ごとに開示する資料が役に立ちます。素早くつかむには、売上高や損益の結果、財務状況などが1枚ほどにまとめられた決算短信が便利です。これはいわば、企業の通知表のようなものです。企業は決算期末から45日以内に決算短信を開示します。決算短信の添付資料にある損益計算書や貸借対照表などに目を通すと、より深掘りできます。日本で大半を占める3月期決算企業は4月下旬から5月中旬にかけて年度の本決算を発表します。上場企業は3カ月ごとの業績を開示する四半期決算も義務づけられています。つまり年に4回、投資家は企業の業績を確認する機会があるということです。

連結決算の場合は連結の決算短信、単独だけならその会社だけ（非連結）の決算短信を開示します。単独業績の結果や配当状況を確認するときは、「個別財務諸表の概要」を確認しましょう。

□ 決算短信で見るべきポイント

まず決算短信で最初に目に入るのが経営成績です。損益計算書のダイジェスト版で、企業

図表1-6　決算短信表紙の主な内容

経営成績	売上高、営業利益、経常利益、純利益、1株当たり純利益など
財政状態	総資産、純資産、1株当たり株主資本など
キャッシュフロー（CF）の状況	営業活動によるCF、投資活動によるCF、財務活動によるCFなど
次期の業績予想	売上高、経常利益、純利益など

がどれだけ稼いだかを表しています。具体的には、売上高、営業利益、経常利益、純利益が書かれています。

売上高は企業が売った製品や提供したサービスの対価の合計です。

営業利益は本業の儲けを表します。そこから利払いや配当収入などを加減すると経常利益となります。税金などを払い最終的に手元に残るのが純利益です。純利益の一部は会社の所有者である株主に配当として支払われたり、今後の事業の原資として積み立てられたりします。売上高、利益とも前年同期より増えた場合を増収増益と呼び、事業が順調だったことがわかります。

次の項目は財政状態です。貸借対照表のダイジェスト版で、工場や現金など企業の財産がこの期にどう変動したかがわかります。株主の持ち分である自己資本がどれぐらい増減したのかや、財務の安定度を示す自己資本比率の水準などもここからわかります。

続いてキャッシュフローの状況が記載されています。投資や資金調達などによって変動する現預金の動きを表します。投資活動による支出を増やせば、現金及び現金同等物が減ることが考えられます。

最後に次期の業績予想の欄があります。大半の企業が売上高、経常利益、純利益などの予想を開示しています。今後の事業計画や環境を踏まえたうえで、現時点での収益の見通しを示しています。慎重な見通しを打ち出す会社もあれば、社内目標をそのまま掲げる会社も存在します。そのような会社のクセを知ることも重要です。


為替相場や国内外の経済動向など事業環境が大きく変化した場合、売上高や利益の予想数値を修正し新たな数値を開示する場合もあります。これが業績修正です。従来の見通しから増額することを上方修正、減額することを下方修正といいます。

東京証券取引所は上場企業に対して業績修正に関する開示ルールを定めています。これによると、企業は売上高が従来予想に比べ10％以上、営業利益、経常利益と純利益は同30％以上変動しそうな場合には速やかに業績修正を開示する義務があります。基準に達していなくても予想を修正する企業もあります。

日本電産（現ニデック）は2023年1月24日、23年3月期の連結純利益が前期比56％減の600億円になる見込みだと発表しました。22％増の1650億円としていた従来予想から1050億円引き下げました。大幅な下方修正の発表を受けて翌日25日の日本電産の株価は5・4％下落しました。このように業績修正は株価の変動要因となることが多くあります。

上方修正、下方修正いずれの場合でも、修正が今期だけの要因か、中長期に影響するものかなど、理由を吟味する必要があります。

2 株式取引に挑戦したいときの手順

株式取引の始め方① まず証券会社に口座を開設

株式の取引を始めるには、まず証券会社に口座を開設する必要があります。以前は対面営業の証券会社が中心でしたが、現在は窓口を持たずにインターネットで注文するネット証券が普及しています。スマートフォンからでも売買ができるため、若年層を中心に利用が広がっています。

対面の証券会社では窓口や電話で営業員から提案を受けたり、相談しながら注文を出したりできます。一方ネット証券にはそういったサービスはありませんが、ホームページにはマーケットや銘柄に関するリポートも掲載され、参考にできます。

ネット証券で口座を開設するには、まず案内画面で内容を確認し、名前や住所を入力します。マイナンバーカードなどの画像をアップロードして本人確認を済ませれば、最短で当日中に開設できる証券会社もあります。

郵送による開設の場合、申し込みをした数営業日後に届く申込書に署名し、本人確認書類も同封して返送します。そのため、最短でも1週間程度かかります。

開設した口座に入金すると取引ができるようになります。銀行口座からの入金のほか、ク

図表1-7
投資できる金額別の企業割合

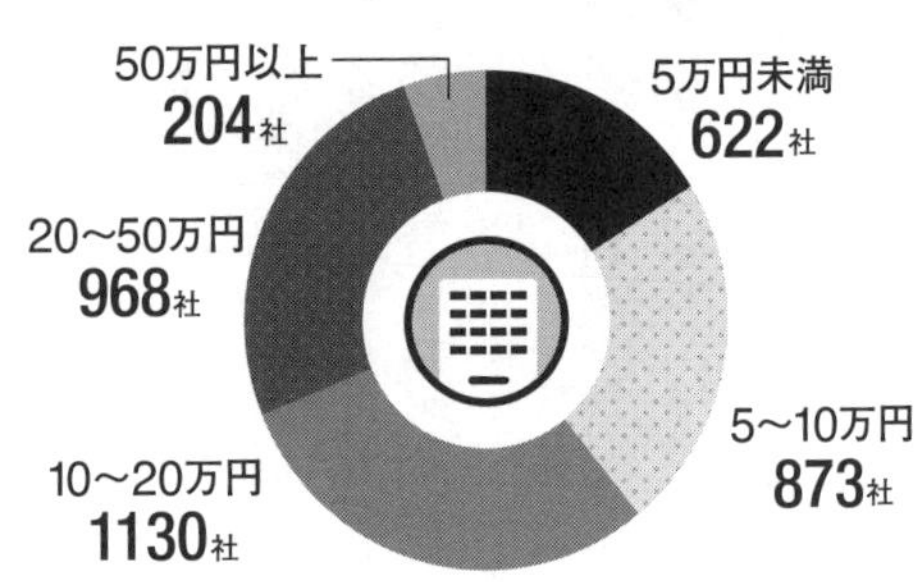

注：2023年3月末時点
出所：東証「投資単位の分布状況」

レジットカードでの支払いもできるようになりました。

株式の売買の際に証券会社に支払う「株式売買委託手数料」も、会社によって額が違います。近年ではネット証券の普及で業界内の競争も激しく、手数料の引き下げに拍車をかけています。さらに、投資家の裾野を広げようと、若年層や少額の取引なら無料という料金体系も広がっています。

取引に必要な金額は株価などに応じて変わります。個別株を取引する場合、取引可能な1単位当たりの株数（単元株）に株価をかけた金額が投資単位と呼ばれる最低購入金額です。単元株は１００株で統一されています。例えばトヨタ自動車の株価は２０２３年7月11日時点で約２２００円で、少なくとも22万円が必要になります。さらに売買の手数料がかかります。

東京証券取引所は個人が投資をしやすくするため、望ましい投資単位を5万円以上50万円未満とし、上場企業に株式分割による投資単位の引き下げを求めています。１９９０年にはほとんどの上場企業の投資単位が50万円以上でしたが、徐々に切り下がり２０２３年3月末時点では約95％の企業で50万円未満になりました。

証券会社の多くは1株から買える単元未満株のサービスを提供しています。ただ、リアルタイムの時価で売買できないなど取引に制限があることや、単元未満株の株主には株主総会の議決権がないことに注意が必要です。

株式取引の始め方② 特定口座で税金の天引きを開始

株式を取引するのに必要な証券口座には、主に一般口座と特定口座の2つがあります。このうち、証券会社が株式の売却益などにかかる課税について計算や手続きをしてくれる特定口座が個人投資家に人気です。特定口座は、2003年1月に株式の売却益などに課される税制が確定申告を必要とする申告分離課税に一本化されたことを受け、個人投資家の負担を軽減する狙いで導入されました。口座から税金が天引きされるかどうかでさらに2つのタイプに分かれます。

証券会社が年間の売買損益をまとめて取引報告書を発行し、それにもとづき投資家自身で確定申告をするのが「源泉徴収なし口座」です。この場合、口座から税金は天引きされません。

一方、証券会社が取引報告書にもとづいて口座から税金を天引きするのが「源泉徴収あり口座」です。証券会社が投資家にかわって税務署に納税するため、投資家自身での確定申告は原則不要です。こちらはできるだけ確定申告の手続きをしたくない人に便利なタイプです。

ただし、複数の特定口座や一般口座の間で売買損益を通算する場合や、損失の繰越控除の適用を受ける場合などでは、投資家自身で確定申告をする必要があります。

特定口座は、煩雑（はんざつ）な税務処理を証券会社が代行することで、個人投資家の証券投資を手助けする制度です。1金融機関につき1口座を開設することができます。窓口のほか、インターネットで申し込みができる証券会社もあります。

特定口座を開設する際には身分証明書と申込方法によっては印鑑が必要ですが、申込手数料や口座の管理手数料はほとんどの場合で発生しません。なお、特定口座の種類は一度決めてしまうと翌年まで変更できないので注意してください。

株式取引の始め方③　注文価格を「指し値」で指定

株の売買注文にはどんな種類があるのでしょうか。基本となるのは「成り行き」と「指し値」の2つです。

図表1-8　売買注文の流れ

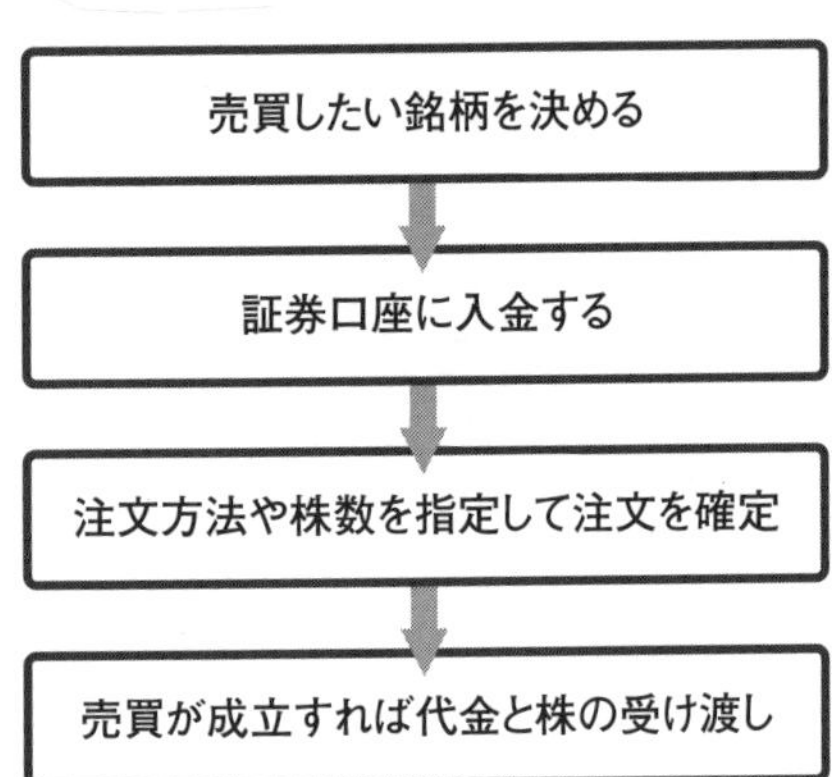

成り行きとは売買する銘柄と株数だけを指定する方式です。簡単にいえば「価格はいくらでもいいからとにかく売買したい」という注文です。一方、指し値は銘柄と株数に加え、売買したい価格を指定します。通常、売り注文は現在の株価以上の価格、買い注文の場合は現在の株価以下の価格を指定します。

成り行き注文は指し値より優先されるので売買が成立する可能性が高いかわりに、思ったよりも高く買ってしまったり、安く売ってしまったりするリスクがあります。指し値注文は価格を指定しているので、値動き次第では売買の機会を逃すことがあります。

「逆指し値（ぎゃくさしね）」という注文方法もあります。株価が現在よりも上昇して指定した価格以上になれば買い、または下落して指定した価格以下になれば売る注文のことです。通常の指し値とは逆の注文方法なのでこのように呼ばれます。

逆指し値の買い注文は株価上昇の流れに乗るためのものです。現状では株価が上がるか下がるかわからないが、ある程度上がったらその後も上がり続けると読んでいる場合に有効です。売り注文は指定した価格まで下がれば売り、下がらなければ売らない方法です。相場が急変動したときの損失拡大を防げるほか、その値段まで下がらなければ売らずに済むので利益を得る機会が残ります。

株を買うには注文を出す証券会社の証券口座に必要なお金を入れておかなければいけません。銀行の預金口座から振り込む方法のほかに、定期的に一定額を引き落とす自動入金やインターネットバンキングを通じた即時入金が利用できる証券会社もあります。

指し値で買い注文を入れる場合、指し値価格と買いたい株数をかけた金額が必要になります。成り行きで注文する場合はいくらで売買が成立するかわからないので、用意しなければならないお金の額は事前には確定しません。「前日の終値」「ストップ高水準」など必要額を計算するときの基準を各社が定めていますので、事前に確認しましょう。いずれにせよ手数料がかかることも考えて、入金する額にはある程度の余裕を持たせておいた方がいいでしょう。

売買が成立することを約定(やくじょう)といいます。約定したかどうかは、ネット証券の場合は注文約定一覧の画面などで確認できます。対面式の証券会社は店舗やコールセンターに電話するか、専用ホームページにアクセスして確認しましょう。

約定した日を含めて3営業日目に売り手と買い手の間で株の引き渡しと代金の支払いを行わなければなりません。これを「受け渡し」や「決済」と呼びます。実際の受け渡しは証券会社の間に証券保管振替機構などの専門機関が入り集中して手掛けています。

株式取引の始め方④ iDeCo（個人型確定拠出年金）から挑戦

運用次第で将来の受給額が変わる確定拠出年金（DC）には、自分で掛け金を出す「個人型確定拠出年金」（iDeCo、イデコ）と、原則会社が掛け金を出す企業型DCがあります。個人が自分で金融機関を選んで掛け金を拠出・運用し、運用益を得るのがiDeCoですが、これまで企業型DCの加入者の大半はiDeCoを使えませんでした。

そのようななか、2022年10月から2つのDCの併用が可能になりました。iDeCoの掛け金の上限は勤務先などで異なり、企業型DCのみなら月2万円、会社が運用責任を持つ確定給付企業年金（DB）と企業型DCの両方の加入であれば月1万2000円です。税制優遇の大きさで知られるiDeCoをどう活用するかで老後資産に大きな差が出そうです。

iDeCoは拠出時、運用時、受給時の3段階で税制優遇があり「節税投資の王様」とも呼ばれています。特にわかりやすいのがiDeCoは掛け金の全額が所得税や住民税の計算からはずれて、節税になります。節税額は掛け金×その人の税率（所得・住民税率の合計）で計算することができます。例えば、税率20％の人が月2万円（年24万円）を拠出すると年に4万8000円の税金が控除される計算です。

図表 1-9　会社員の iDeCo 掛け金上限（月額）

加入する年金制度	企業型DCのみ	企業型DCとDB	DBのみ	DC・DBどちらも未加入
2022年10月～	2万円（企業型DCの会社の掛け金との合計が5.5万円以内）	1.2万円（企業型DCの会社掛け金との合計が2.75万円以内）	1.2万円	2.3万円
2024年12月～	2万円（会社掛け金との合計が5.5万円以内）			

22年はiDeCoについて3つの法改正が施行されました。まず先ほどの「企業型DC加入者がiDeCoに加入する要件の緩和」が22年10月に実現しました。簡単にいえばiDeCoと企業型DCに同時加入できるというもので、従来は企業側が規約で認めた場合に限られていたものを、原則として無条件に同時加入可能とする改正です。

企業型DCだけの会社全体で見ると1万円以下の掛け金の加入者が半分で、なかなか資産が積み上がりません。それでもiDeCoが併用できないのは不公平として、併用が可能になりました。

また「受給開始年齢を75歳まで選べる」という改正がありました。iDeCoの受給開始年齢は従来60～

70歳でしたが、それが75歳までに広がりました。もともとｉＤｅＣｏは60歳まで受け取れないことがデメリットとよく指摘されますが、老後の資金として考えたときには、アクティブな高齢者が年金をもらう時期に関する選択肢を増やすことも重要です。

もう一つが「65歳まで積み立てを継続する」という規制緩和が実現しました。60代前半の男性の８割、女性の６割が働き続けている現状を踏まえ、ｉＤｅＣｏの積み立て可能年齢を60歳までとしていた制度を見直し、60歳を超えても積み立てられる制度になったわけです。

さらに24年12月以降は掛け金の仕組みが変わることにも注意が必要です。ＤＢのある会社でもｉＤｅＣｏの上限額が２万円に増えます。同時にＤＢまたは企業型ＤＣがある会社すべてで、（１）２万円（２）５万５０００円からＤＢとＤＣの会社からの掛け金の合計額を引いた額――の小さい方がｉＤｅＣｏの拠出可能額になります。

ｉＤｅＣｏは最低月５０００円、１０００円単位の拠出なので、会社の掛け金が５万円超なら24年12月からｉＤｅＣｏの利用はできなくなるということです。企業型ＤＣがあれば、それまでｉＤｅＣｏで積み上げた資産をそこに移せるのですが、多くのＤＢは受け入れていません。会社の掛け金が高い人は、24年以降もｉＤｅＣｏが続けられそうか事前に会社に確認すべきでしょう。

iDeCoが原則60歳になるまで受給できないのは、あくまで老後資金づくりの制度だからです。住宅・教育資金のように途中で使うお金は当然、iDeCoには向いていないので、そうしたお金はいつでも引き出せる少額投資非課税制度（NISA）で増やすことを考えたいところです。iDeCoとNISAは併用可能なので、なるべく早い時期から2つの制度を併用して資産づくりを検討してみましょう。

株式取引の始め方⑤　NISAを併用

2024年からNISAが大幅に拡充します。制度が恒久化され、非課税で投資できる期間が無期限となることで多くの人にとって使い勝手のいい制度に生まれ変わります。特に年間の非課税投資枠は最大360万円と、現行の一般NISAの3倍に膨らみ、非課税の恩恵が大きくなります。この360万円はつみたて投資枠120万円と成長投資枠の240万円で構成されています。

図表 1-10　2024 年からの新 NISA 制度

投資可能期間	恒久化	
非課税保有期間	無期限	
年間投資枠	つみたて投資枠 120万円	成長投資枠 240万円
非課税となる生涯投資枠	1800万円 （うち成長投資枠1200万円）	
つみたて投資枠と 成長投資枠の併用	可	
売却後の非課税枠	元本ベースで翌年に 生涯投資枠が復活	

これまでのＮＩＳＡはいわば時限措置でした。つまり、いつまで制度が続くかわからず、長期保有目的で投資しにくいことがデメリットでした。一方で新制度でのＮＩＳＡは、制度も恒久化されますし、成長投資枠を使えば個別銘柄に長期投資ができるようになります。

この改正により、つみたてＮＩＳＡはこれまで非課税期間が20年だったのが、例えば毎月５万円であれば積立期間を最長30年に延ばせるようになります。そして毎月５万円の積み立てを年率３％で運用できたと仮定すると、生涯上限の元本１８００万円が約２９００万円に増える計算です。この上限は生涯投資枠という考え方で１８００万円に設定されました。１８００万円はすべて投資信託などで積み立てて埋めることもできれば、うち1200万円の成長投資枠は個別株などを買うこともできます。

投資信託協会の松谷博司会長は「少額でも自分の資金が社会を変えているという実感を持ちながら投資する人が増えてほしい」と期待しています。

日本は欧米に比べ、家計の金融資産が見劣りします。21年末、日本の個人金融資産は初めて2000兆円の大台に乗りました。ただ00年末から2～3倍に増えた英国や米国に比べ、日本は1・4倍にとどまります。これは金融資産の過半を現預金が占めるためです。

年金だけでは老後の暮らしを支えきれない将来が見えてしまっているなか、個人が資産形成をしやすい仕組みづくりがやっと本格化します。

22年9月時点で、NISA口座数は約1700万と対象人口の2割弱にとどまります。口座開設だけで投資されていない「休眠口座」が約3割もあります。実際にNISA投資をしているのは対象人口の約1割に過ぎないということです。

政府は今後5年で3400万口座までの倍増を目指しています。「金融教育だけでは投資家になるまで時間がかかる。口座もつくって終わりではなく、稼働口座を増やす金融機関の工夫も必要」（ニッセイ基礎研究所の前山裕亮主任研究員）との声もあります。どうやって投資無関心層を引き込むかが喫緊の課題です。

ＮＩＳＡ拡充を機に、日本でも遅ればせながら「貯蓄から投資へ」の機運が高まるのは確かです。改めて自分の「１００年人生の資産づくり」をプランニングする、いい機会になるため、口座開設ができた人はここから始めるのがおすすめです。

3 株価の動きを分析するコツ

株価が割安か割高かをどうすれば判断できるでしょうか。利益の規模や発行済み株式数の異なる企業の株価を、いくつかの指標で比較する手法があります。では実際に株価水準を測るのに有効な投資尺度を見てみましょう。

□収益から「割安さ」を判断するＰＥＲ（株価収益率）

代表的な指標が「ＰＥＲ」（株価収益率、Price Earnings Ratio）です。株価を1株当たり純利益で割って求めます。例えば、２０２３年2月21日時点でトヨタ自動車の23年3月期1株当たり連結純利益の見通しは１７３・58円で、株価は１８９０円。予想ＰＥＲは10・88倍、つまり予想1株利益の11倍近くまで買われているわけです。ＰＥＲは何倍がよいと決まった水準があるわけではなく、その企業の過去の推移や同業他社などと比べて判断します。同時点でのライバルメーカーの予想ＰＥＲと比べると、ホンダ（8・1倍）やマツダ（5・3倍）より高く、日産自動車（13・5倍）、スズキ（11・6倍）よりは低いです。海外に目を向けると、電気自動車（ＥＶ）の生産を手掛ける米テスラのＰＥＲはＱＵＩＣＫ・ファクトセットによると60・8倍。日本の同業をはるかに上回ります。ＰＥＲを比べる際には、将来の事業見通しや成長性を考慮する必要があります。成長力のある企業であればＰＥＲが高くても必ずしも割高とは言い切れませんし、将来性の乏しい企業は低ＰＥＲでも割安ではない場合があります。また、「重厚長大」型企業（鉄鋼や製紙、化学などの企業）とネット関連企業など、業種や事業特性の違いによって差が出ることにも注意しなければなりません。

大規模な金融緩和などで株式市場に資金が流入すると、業績の改善以上に期待感から株が買われるため市場全体でPERが上昇します。新型コロナウイルス禍で世界的に緩和が進んだ20～21年にはPERの上昇を通じて株価が高騰しました。逆に、金融引き締めが始まるとマネーが市場から逃げ出し、PERの低下によって株価が下落しました。

PERの利用法はこれだけではありません。PERの計算式を逆にして1株当たりの純利益を株価で割ると、益回りが求められます。純利益をすべて株主に渡したと仮定して、現在の株価で投資すると何％の利回りになるかを示します。益回りはPERの逆数になり、PER20倍なら5％、25倍なら4％です。この益回りを長期金利と比べることで、株式投資と国債などの債券投資のどちらが魅力的かを判断する材料になります。日経平均株価ベースの予想PERは13・1倍で、益回りは約7・6％（23年2月21日時点）。足元では物価の上昇や日銀の政策修正観測などで金利の先高観（先行きで相場が上昇するのではという予想）が高まっており、今後の投資判断にも使えそうです。

日本は企業と銀行などによる株式持ち合いの時代が長く続き、PERが欧米に比べ高止まりしていました。その後持ち合い解消が進み、ＰＥＲが欧米並みに低下したことで、投資尺度としてＰＥＲの有用性が高まったとの見方もあります。様々な企業のＰＥＲを比較してみるとよいでしょう。

□資産価値から「割高・割安」を確認するＰＢＲ（株価純資産倍率）

投資する銘柄を選ぶ際、判断指標としてＰＢＲ（株価純資産倍率）を活用する投資家は少なくありません。ＰＥＲが収益面から株価水準を測る指標なのに対し、ＰＢＲは企業の資産価値から判断します。

ＰＢＲとは「Price Book-value Ratio」の略で、株価をＢＰＳ（1株当たり純資産）で割って算出します。まず純資産とは資本金、資本準備金、利益剰余金などを足したものです。貸借対照表（バランスシート）の「総資産」から他人に返済しなければならない「負債」を差し引いて残る額にあたります。この純資産を発行済み株式数で割った値がＢＰＳです。ＢＰＳは1株当たりの純資産の取り分で、企業の解散価値を意味します。

ＰＢＲは株価がＢＰＳの何倍まで買われているか、つまり、ＢＰＳの何倍の値段がつけられているかを確認することができます。一般的にＰＢＲの値が高いほど割高、低いほど割安と判断されます。例えば、ＰＢＲが1倍の場合は、株価と解散価値が同じ水準ということになります。ＰＢＲが1倍を下回れば、株価が解散価値よりも低い状態にあることになり、通常はさらに値下がりするリスクが相対的に小さい銘柄といえます。ＰＢＲは1倍が株価の底値の目安になります。

ただし、注意点があります。業種によっては1倍を大きく下回っていたり、上回っていたりする場合があるからです。特に成熟した業界ほどＰＢＲが低い傾向があります。同業他社と比較したり、他の指標を組み合わせたりして割高・割安の判断をすることも重要です。

日本取引所グループがまとめたプライム市場の主な業種別ＰＢＲ（加重平均）は、２０２３年1月時点で化学が１・４倍、医薬品が２・０倍、鉄鋼が０・６倍、機械が１・５倍、小売業が１・９倍、銀行業が０・５倍となっています。各社のＰＢＲについては「日経会社情報ＤＩＧＩＴＡＬ」などでも検索できます。

□稼ぐ力の「効率性」を示すROE（自己資本利益率）

自己資本利益率（ROE）は株式投資において重要な指標の一つです。「Return On Equity」の頭文字をとった略語で、企業が株主から預かった資本（自己資本）を使ってどれだけ利益を上げているかを示します。純利益を自己資本で割って算出します。高いほど、効率よく資本を使っていることになります。

2014年公表の「伊藤リポート」は企業価値を高める目標水準として「ROE8％以上」を掲げ、ROEを経営目標に掲げる企業が増えました。ROEは売上高純利益率、総資産回転率、財務レバレッジの3要素に分解できます。それぞれを高めることによってROEの改善が可能です。

売上高純利益率は純利益を売上高で割ったもので、収益力の高さを表します。好採算製品の販売を増やしたり、費用を削減したりすると上昇します。

総資産回転率は売上高を総資産で割った値で、効率性を示します。総資産は借入金など外部から調達した負債（他人資本）と自己資本の合計です。一定の資金でいかに多くの売上高を上げるかが問われます。

財務レバレッジは総資産を自己資本で割ったもので、負債の活用度合いを示します。レバレッジとはてこの原理という意味です。少ない自己資本ながら、負債をてこにして高い収益を上げることを「レバレッジ効果」といいます。

単純化した例で考えてみましょう。ある企業が総資産１０００億円をすべて株式で調達し、１００億円の営業利益を上げたとします。負債がないため支払利息は発生しません。税率を50％とすると最終利益は50億円。自己資本が１０００億円なのでＲＯＥは５％になります。

では１０００億円を株式と借入金（金利４％）で半分ずつ調達して、やはり１００億円の営業利益を稼いだ場合はどうでしょうか。20億円の利息を支払うので経常利益は80億円になります。税率を同じく50％とすると、最終利益は40億円。自己資本は５００億円ですからＲＯＥは8％と先ほどの例を上回ります。レバレッジ効果が出たわけです。このように、財務レバレッジをかけるとＲＯＥ向上につながります。ただ総資産に占める負債の比率が高くなりすぎると、利息の負担が増えるなど経営が不安定になる恐れもあるので注意が必要です。

インフレを抑えるための利上げが世界で続き、景気悪化が懸念されています。株式市場でも効率よく利益を稼ぐことができる、収益性の高さが重視される可能性があり、高ROE銘柄にも注目が集まりそうです。

ROEに注目して投資をする場合、投資信託を購入する手もあります。運用者が高ROEの有望銘柄を選別するアクティブファンドのほか、海外株ではROEを指標とする指数に連動するパッシブファンドもあります。

□株価に対する「配当割合」がわかる配当利回り

株式投資の魅力には値上がり益への期待のほか、企業が得た利益の一部を投資家に還元する配当収入があります。株主還元強化の機運から、日本企業は配当を復活したり、増やしたりする動きが広がっています。世界景気の先行き不透明感が強まるなか、株式の運用利回りを測る尺度の一つである「配当利回り」への関心は高まっています。

配当利回りは年間の配当金額を株価で割って算出します。株式への投資金額の何%が配当として戻ってくるのかがわかります。個別銘柄の配当利回りを見る際には、今期の予想配当にもとづく予想配当利回りが一般的に使われます。実際に計算してみましょう。例えば鉄鋼大手の日本製鉄の２０２３年３月期の１株当たり年間配当予想は１８０円です（23年４月10日時点）。同年４月10日終値は２９６０・５円なので、予想配当利回りは６・08％になります。配当利回りは株価によって日々変化します。配当が変わらなくても株価が下がったところでタイミングよく買えば、相対的に高い利回りを得ることができます。

配当利回りが高い代表的な業種は、銀行や収益が景気に左右されにくい通信などがあります。このほか、企業業績が伸びて配当を増やす企業も利回りが高くなります。

東証プライムの予想配当利回り（23年４月10日時点）のランキングの上位を見ると、海運や石油などが目立ちます。海運大手の商船三井は海上運賃の上昇などで業績が拡大し、23年３月期の年間配当予想は前期比１６０円増の５６０円（株式分割を考慮）を見込みます。10日の終値（３４５０円）に対する配当利回りは16・23％に達し、２・39％ほどの東証プライム上場企業の予想利回り（加重平均）に比べ高い水準です。

図表 1-11

予想配当利回りが高い企業(%)

1	商船三井	16.23
2	日本郵船	15.55
3	川崎汽船	12.63
4	三井松島ホールディングス	10.07
5	NSユナイテッド海運	8.53
6	ジャフコグループ	7.94
7	有沢製作所	7.51
8	水戸証券	7.30

注：東証プライム上場企業が対象、23 年 4 月 10 日時点

市場全体の予想配当利回りの平均は、預金や債券など他の金融商品との収益率を比べやすいので、銘柄選びの目安の一つになります。長期金利の代表的な指標である新発10年物国債の利回りは23年3月上旬時点で0・5％程度と、東証プライム上場企業の平均配当利回りを下回ります。ただ株式は値上がり・値下がりという要因があり、一概にどちらが有利だとはいえないでしょう。

配当利回りを投資判断の尺度とする場合には、企業が予想配当を本当に実行できるかどうか、業績動向などを注意深く見なければなりません。業績が悪化すれば、企業が実際の配当額を引き下げることがあるからです。

また株式売買の手数料や配当にかかる税金なども考えると、実際の配当利回りは計算上の数字より下がることになるため、注意が必要です。

4 チャートに隠れる「動き」を読み取る

投資家にとって重要なのは、相場の動きをつかみ、売り買いに適したタイミングを見極めることです。そこで役に立つのが、過去の株価推移を表すチャートから将来の値動きを予測するテクニカル分析です。

チャート① 「ローソク足」から株価の値動きを予測

まずは基本であるローソク足の見方を解説します。ローソク足は始値、終値、高値、安値の４つの値段を一つの棒状で表すチャートです。終値を結んでつくる折れ線グラフより情報量が多いのが特徴です。1日の値動きを示すローソク足を「日足」と呼びます。1週間の値動きなら「週足」、1カ月なら「月足」です。

始値と終値の差を示す太い線を「実体線」といいます。始値より終値が高い場合、実体線は白抜きで表され「陽線」と呼ばれます。終値の方が安くなったときは黒塗りの「陰線」です。高値と安値が実体線の範囲を超えている場合は、実体線の上下に細い線を伸ばします。高値を示す上側の線が「上ヒゲ」、安値を示す下側の線が「下ヒゲ」です。

ローソク足を見れば、一定期間内で株価がどのくらい上げ下げしたのかが一目でわかります。特徴的な形状には呼び名がつけられており、市場参加者の心理や今後の傾向を表すものとして注目されています。

過去の値動きと比べて明らかに長い陽線を「大陽線」といいます。終日、買いが優勢だったことを示し、力強い上昇のシグナルとされます。反対に売りが優勢で長い陰線となった場合は「大陰線」です。

相場の転換点を示唆するとされる形状もあります。株価底入れのサインとして注目されるのが「長い下ヒゲ」です。長い下ヒゲが出現するのは、安値より終値が大幅に高いときで

図表 1-12　ローソク足のチャート

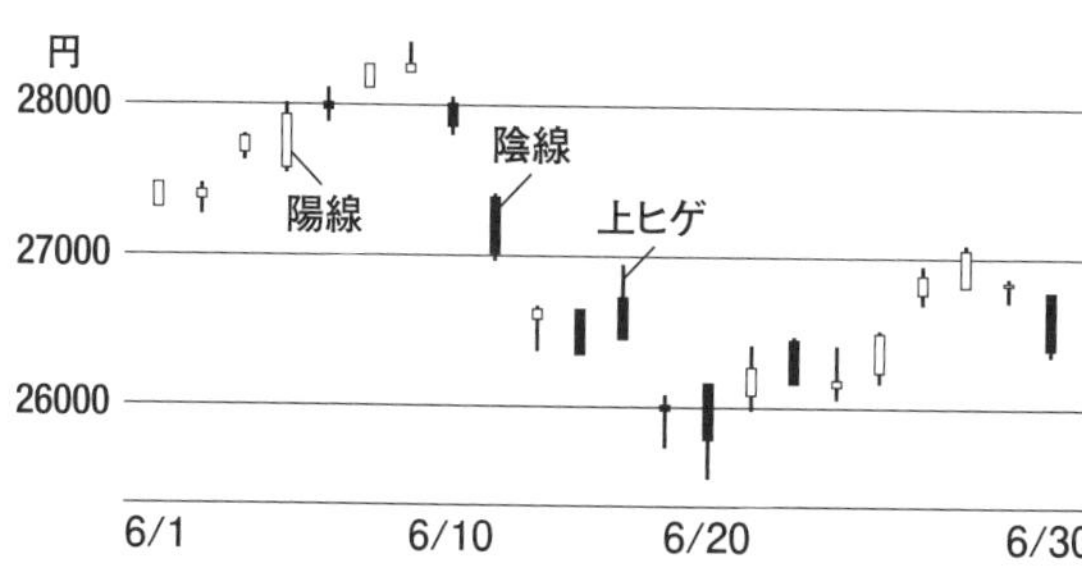

す。大きく売り込まれた後に買いが入ったことを示しているため、売りが一巡したと判断されます。

2022年6月の日経平均株価のチャートを見てみましょう。この月は米連邦準備理事会（FRB）など世界の主要中央銀行が、インフレを抑え込むための金融引き締めを続けることで景気が悪化するとの警戒が強まり、日経平均も中旬にかけ大きく下落しました。

底値をつけた20日のローソク足に着目すると、長い下ヒゲが出ていることがわかります。20日の日経平均は一時400円超下げましたが、押し目買い（下落するタイミング、押し目で買いをすること）が入り前日比191円安で取引を終えました。この日を境に日経平均は上昇トレンドに転じています。

安値圏で陽線が階段状に3本並んだ形状も底入れのサインです。陽線の連続は株価が上昇しても買いが続いていることを示しています。このような形状は「赤三兵」と呼ばれています。反対に、高値圏で陰線が3本並ぶと「黒三兵」「三羽ガラス」と呼ばれ、その後の下げを暗示しているとされます。始値より安く終わる陰線は、投資家心理が慎重になり利益確定の売りを出していることを示し、それが3日も続けば流れが変わった可能性が高いからです。

ローソク足は相場の持続性を測るのにも使われます。上昇基調が続いていていても陰線が目立つようになったら、上昇相場の持続力が弱まってきたというシグナルと見ることができます。

チャート②「移動平均」から株価のトレンドを分析

過去の値動きから今後の相場動向を探るテクニカル分析で、代表的な手法の一つが移動平

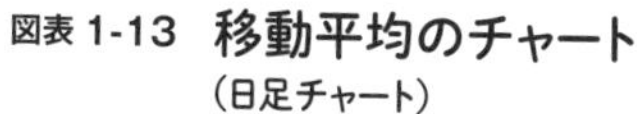
図表1-13　移動平均のチャート
（日足チャート）

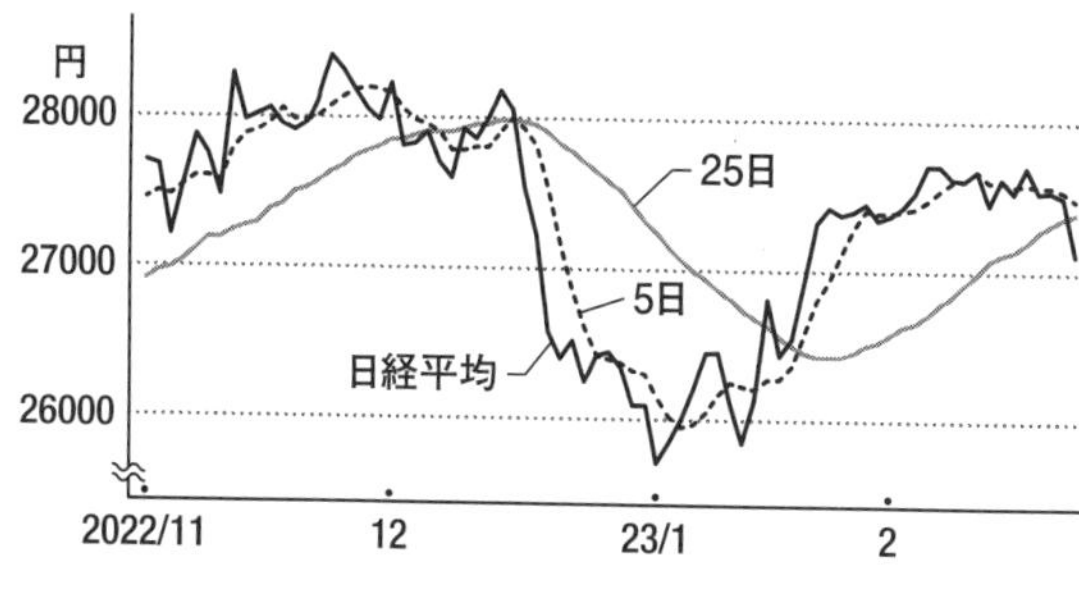

均です。「25日移動平均」の場合、当日の株価を含めた過去25営業日の終値を足し、25で割って平均値を求めます。それぞれの時点の平均値をつないで折れ線グラフにしたものが移動平均線で、毎日動くため「移動」平均と呼ばれます。

移動平均の計算期間は、短期の傾向を見たければ5日（1週間）や25日（1カ月）、中期なら13週（3カ月）や26週（約半年）が使われることが多くなっています。期間が長いほど移動平均線はなだらかになります。

テクニカル分析では、期間の異なる2本の移動平均線を組み合わせてトレンドの転換点を探る方法が知られています。上昇局面で見られるのが「ゴールデンクロス」で、短期の移動平均が長期の移動平均を下から上に抜けた状況を指します。その後に上昇を続ける傾向があることから「買いのシグナル」と判断されることがあります。

逆に株安局面で、短期の移動平均線が長期の移動平均線を上から下に突き抜けるのが「デッドクロス」です。弱気転換のサインとされます。

移動平均は過去の一定期間の平均売買コストを意味します。足元の株価が移動平均からどれだけ離れているかで、短期的な「買われすぎ」や「売られすぎ」を探る指標としても有効です。この離れ具合を「乖離率（かいりりつ）」といいます。移動平均から上に離れて大きくなれば、日々の株価に過熱感が出ていることがわかり、近い将来に下落する可能性もあると考えられます。これらの「行き過ぎ」について明確な線引きの基準はありませんが、25日移動平均で見る場合は一般に5％以上上差が目安とされます。

チャート③「三角もちあい」から相場転換のサインを察知

図表 1-14　三角もちあいのイメージ

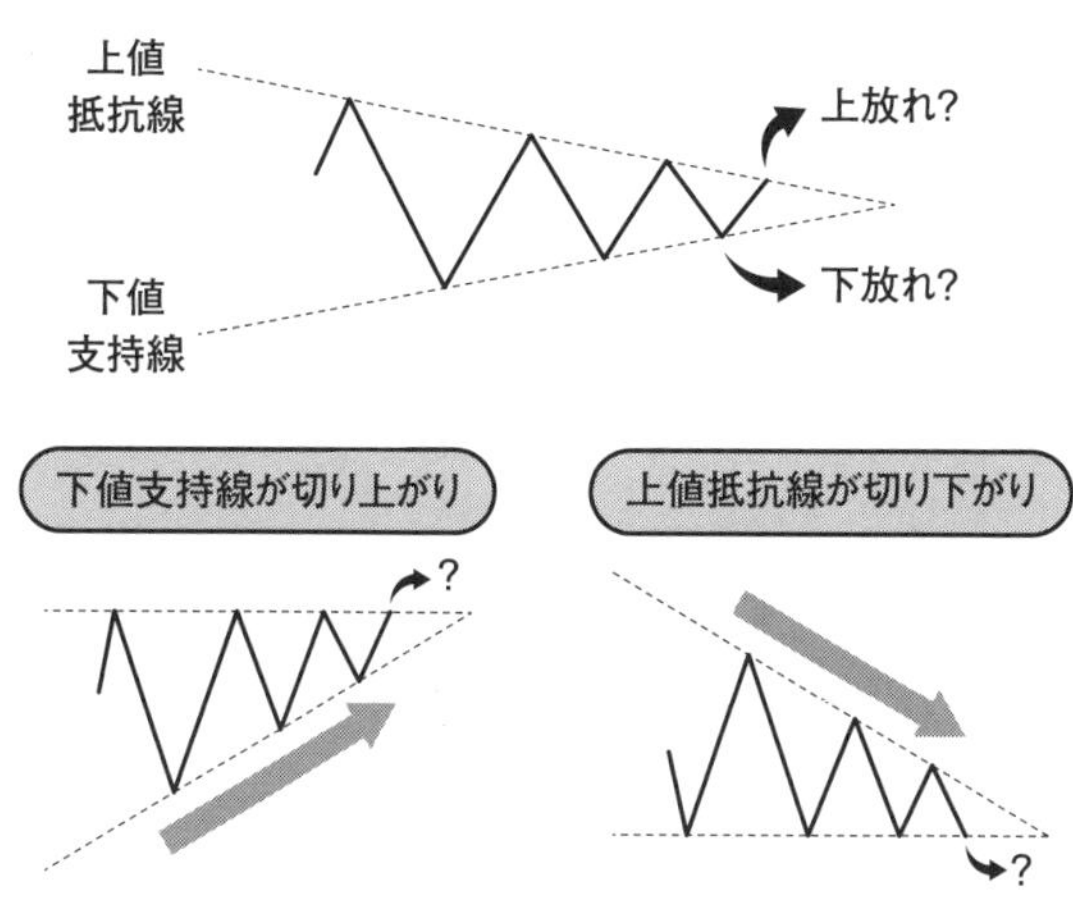

株価が一定の範囲内で上下動を続け、方向感が乏しくなっている状態は「もちあい」と呼ばれます。高値と安値の幅がだんだん狭まっていき、その範囲が三角形のような形になるのが三角もちあいです。もちあいが極まってくると相場が上下どちらかに大きく放れる転換点になることが多く、チャート分析における代表的な分析手法の一つとされます。株価は日々動くなかで、チャート上に高値の「山」や安値の「谷」を形成します。相場の傾向を見るうえで手掛かりになるのがトレンドラインです。

主な高値と高値を結んだ線を「上値抵抗線

（レジスタンスライン）」、安値と安値を結んだ線を「下値支持線（サポートライン）」といいます。三角もちあいは、この2つの線に挟まれた範囲が三角形を描き、先に行くほど狭まっている状況です。

これが相場転換の接近サインとみなされるのは、高値と安値の波が徐々に収束していく過程で売り買いのエネルギーが蓄積し、均衡が破られる局面では新たなトレンドが形成されやすいと考えられるためです。三角もちあいの後は相場が大きく動く経験則から、株式市場には「もちあい放れにつけ」という相場格言もあります。

三角もちあいには形状によってパターンがいくつかあります。まず、主に下値支持線が切り上がる形で三角形を描く場合です。下値での買いの力が強いことを意味し、もちあいの終局では上に抜ける可能性が高いと見られることがあります。

逆に上値抵抗線が切り下がる形でのもちあいでは、その後に下へ放れる可能性が高いとの見方がされます。上値抵抗線と下値支持線がともに角度をつけて均衡点に近づいている場合は、上下のどちらに動くかはわかりません。

もちろん、下値切り上げ型であれ上値切り下げ型であれ、必ずしも思惑通りの方向に放れるとは限りません。あくまで膠着(こうちゃく)を脱して動きが出始める転換接近のサインとして一つの参考にするとよいでしょう。

5 株式投資の手法

投資を始める際、どのような資産にどんな投資手法をとるかが重要なポイントです。まず覚えたいのは「分散・長期・積み立て」の3つのキーワードです。

株式だけでなく、債券や不動産など幅広い資産（アセット）にどの程度資金を配分するかを「アセットアロケーション」と呼びます。長期の運用成績はこのアセットアロケーションに左右されるとされています。

図表 1-15　ドルコスト平均法の積み立て例

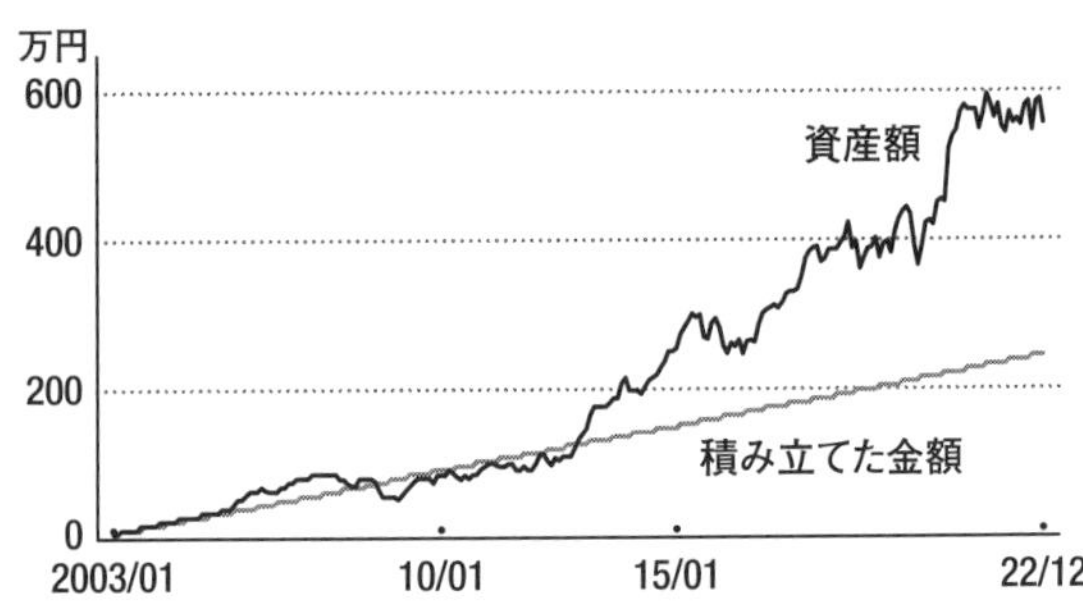

注：2003 年 1 月から毎月 1 万円を 20 年間、日経平均に連動する投信に積み立てた場合

□ 定期的に一定額を購入、積立投資

それぞれの資産には特徴があります。株式は景気がよいときに上昇しやすく、国債や金は経済が危機に直面したときに買われやすいとされます。資産によって値動きが異なる傾向があり、組み合わせれば資産全体のリスクを抑制しながらリターンを追えます。

ただ、自力で個別株や債券に分散投資をするのは個人には難しいでしょう。その点で有用なのが投資信託です。日経平均株価のような指数に連動する投信に投資することで分散効果を出せます。国内外の株や債券、不動産投資信託（REIT）など資産分配の割合を決めて、長期に保有するのが王道です。

価格が下がったときに買うなどタイミングを探ろうとしても、株価などの資産価格の先行きを予想するのは困難です。そこで定期的に一定額を投資する「積み立て」が有効な手段になります。価格が安いときには多く買え、高いときには買う量を減らせます。これは「ドルコスト平均法」と呼ばれる方法で、価格変動リスクを抑えられる利点があります。

例えば日経平均株価に連動する投資信託に、２００3年1月から毎月1万円ずつ20年間積み立てを続けた場合を考えます。積み立てた金額は２４０万円ですが、配当金をすべて再投資し、手数料などを考慮しなければ資産価格を５５０万円超に増やせました。配当金が再投資され続けることで、長期投資の効果が出ます。

もちろん、これから20年投資しても同じ結果になるわけではありません。今後20年の相場次第という面もあります。その弱点を克服するのが、米経済学者マイケル・エデルソン博士が発表した「バリュー平均法」という手法です。資産の増え方の目標を先に決めて、それに沿って積立額を増減させるやり方です。

例えば、資産の価値を20年後に４８０万円にしたい、といった具体的な運用目標額を決めます。この場合、毎月２万円ずつ資産を増やしていく必要があります。今月２万円を投資し、次の月には4万円に足りない分を入れる、というように毎月資産額が同じペースで増えていくように追加投資をします。その月の目標額を上回っていれば売却します。

相場の下落局面では追加投資額が2万円を大きく上回る月も出てきます。資産額の2〜3割を追加投資の資金として用意しておく必要があり、資産が大きくなると難度も高まります。売却時には税負担が発生することも注意が必要です。

下落したときに多く買い、上昇時に売ることで資金効率を高めやすいバリュー平均法は学費などを賄うために、決まった時点までに目標額を確実に達成したい場合に有効とされています。

▢ 手持ち資金以上の売買可能、信用取引

現物株の取引方法がわかったら、次に知っておきたいのが「信用取引」の活用法です。信用取引を利用すれば投資のチャンスを広げることができます。ただ元手より大きな金額を動かすため、指標をこまめに確認するなどのリスク管理が求められます。

図表 1-16 **信用取引と現物株取引**

	信用取引	現物株取引
口座	信用取引口座	証券口座
買いから始める	できる	できる
売りから始める	できる	できない
投資できる金額	保証金など担保の約3.3倍	口座にある資金額
売買可能な銘柄	取引所が定めた銘柄	制限なし
取引のコスト	売買手数料のほか、買いの場合は信用金利、売りの場合は貸株料や逆日歩など	売買手数料など
配当	調整金として受け取れる。売りの場合は配当に相当する額を支払う義務が生じる	あり
株主優待	受け取れない	受け取れる
返済期限	最長6カ月	なし

注：制度信用取引

信用取引は証券会社に一定以上の担保となるお金を預け、証券会社から売買に必要な資金や株券を借りて行う株式売買取引です。担保は「委託保証金」と呼ばれ、その約3・3倍の金額までを取引できます。取引を始めるには証券会社で信用取引口座を開く必要があり、保証金の最低金額は30万円です。保有している株式などを代用有価証券として差し入れることもできます。

手持ち資金を上回る取引ができるので、その分の損失が膨らむ可能性もありますが、うまく活用すれば効率よく収益機会を得られます。信用取引は「買い」だけでなく「売り」から始めることができ、株価の下落局面で利益を得られるのも利点の一つです。

「信用買い」は証券会社から資金を借りて株を買い、狙い通り株価が上昇した際は売却して、借りたお金を返す取引です。借りる資金の金利や売買の手数料といったコストがかかりますが、株価がその分を越して上昇すれば利益になります。逆に値下がりすれば、下落分にコストを加えた額が損失になります。

「信用売り」は株価の下落局面で利益を上げようとする取引方法です。株価が将来下落すると予想した場合に、証券会社から借りた株を市場で売り（これを「空売り」といいます）、株価が下がった段階でその株を買い戻して証券会社に返却します。株価が下落すれば、空売りした価格と買い戻した価格の差が利益になります。予想に反して株価が上がった場合には、買い戻しで損失が出ます。証券会社から株を借りるには「貸株料」というコストがかかります。また株価上昇の際に株を買い戻したくても、市場に買い戻す株がなくて反対売買ができず、損を確定できないというリスクがあります。信用取引の売り方が損失覚悟で慌てて買い戻そうとして、株価上昇に拍車がかかることを「踏み上げ」といいます。

日本証券金融（日証金）が発表する「逆日歩（ぎゃくひぶ）」にも注意が必要です。投資家は下がると予想した株を証券会社から借りて空売りしますが、証券会社が常に顧客の需要すべてに応えられる分の株を持っているわけではありません。そんなとき、証券会社は不足した株を日証金から調達します。

日証金でも株が足りない場合、日証金自身も機関投資家などから株を借りてくる必要があります。逆日歩とはこのときにかかる調達コストで、信用売りをする投資家が負担することになります。

担保にした代用有価証券が値下がりしたり、信用取引中の銘柄に含み損が発生したりした場合には、追加で保証金の差し入れが必要になることがあります。これがいわゆる「追い証」です。取引を始めたら、建玉（たてぎょく）（精算されずに残っている取引のこと）に対し、どのくらい担保があるかを測る指標である「委託保証金維持率」を常に確認しておく必要があります。

信用取引の動向が株価形成に与える影響も見逃せません。信用取引は一定期間で反対売買を通じて解消される場合が多く、その動向は値動きを予測するうえで役立つ情報です。例えば信用売りが未決済の状態でどれぐらい積み上がったかを示す「信用売り残」は、相場の流れを把握する参考指標の一つとされます。売り残の増加は株式相場の先行きに弱気な見方が増えていることの表れです。逆に信用買い残の増加は、一般的に株価が今後上昇していくと考える投資家が多いことを意味します。

売り残や買い残の急な増加は、需給の波乱要因となって現物の株価にも影響を与えます。信用取引をしない投資家も注視する必要があります。

□将来の売買を約束、先物取引

先物取引とは、現時点で取り決めた価格や数量で、将来売買することを約束する取引です。株式や債券のほか、貴金属や農産物のような商品（コモディティー）など様々な資産を

図表 1-17　先物取引の仕組み

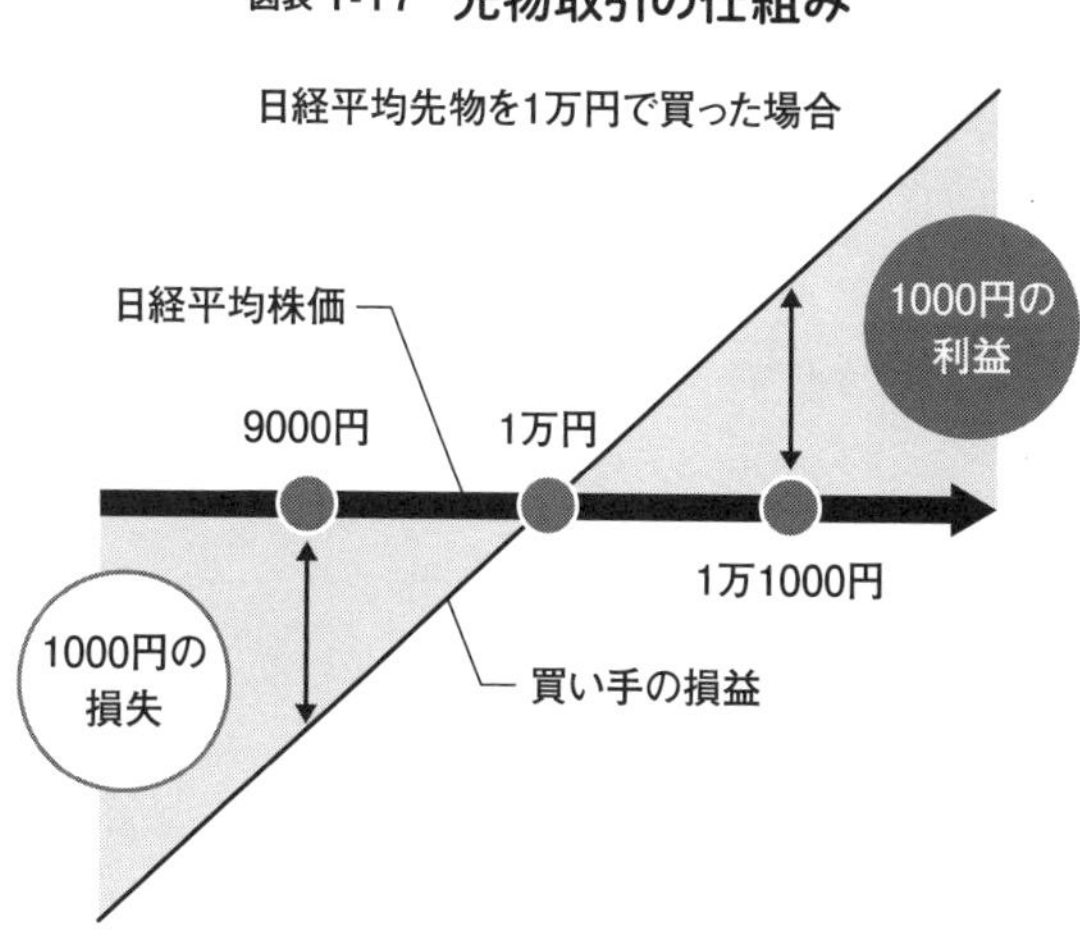

対象にした先物があり、取引所に上場しています。

代表的な先物の一つが、日経平均株価や東証株価指数などを対象にした株価指数先物取引です。日経平均先物を1万円で買い建てる場合を考えてみます。最終的な決済期日に、実際の日経平均が1万1000円に上がっていれば、差し引き1000円の利益を得られます。逆に思惑が外れて9000円に下がれば1000円の損失を被ります（手数料や税金は除く）。

相場の値下がりを見越して「売り」から始めることもできます。日経平均先物を1万円で売り建て、最終決済日に日経平均が

9000円になっていれば1000円の利益が得られます。

先物の価格は、対象資産の価格に連動して常に上下します。最終的な決済日まで待たずに、途中で反対方向の売買をすることで持ち高を手じまう（解消させる）ことも可能です。

先物取引にはいくつかの目的や機能があります。まず将来の相場変動から利益を得ようという「投機」です。先物は証拠金と呼ばれる必要最低限の資金を証券会社に差し入れることで取引でき、対象金額をすべて支払う必要はありません。自己資金の何倍もの資金を動かせるため資金効率は高まりますが、思惑が外れた場合には損失も大きくなります。

もう一つは「ヘッジ取引」です。現物株を持つ投資家が損失を避けたいと考えた場合、あらかじめ先物を売り建てておきます。もしその後に株価が安くなっても、先物売りから生じる利益で損失を補うことができます。農作物などの生産者があらかじめ先物を売っておき、将来の販売価格を確定するという使い方も一般的です。

市場では、先物と現物の価格差に着目した「裁定取引（アービトラージ）」が日々活発に行われています。両者はその時々の需給で価格差にゆがみが出るときがあります。割安になった方を買い建てるとともに割高な方を売り建てることで、最終的に価格差が解消して利益を得ることができます。

相場記事では「大口の先物買いで日経平均が上昇した」といった説明がされることがあります。例えば海外投資家が日経平均先物にまとまった買い注文を入れ、先物価格が急上昇するケースです。この際、割高に振れた先物を売るとともに、指数を構成する現物の225銘柄をまとめて買う動きが「裁定買い」です。先物の売買で相場が動くのは、このように現物資産との裁定取引が常に実施されているからです。

□売り買いの権利をやり取り、オプション取引

オプションとは買い付ける、または売り付ける「権利」を指します。平たくいえば「×月×日に買う（あるいは売る）」という「予約引換券」であり、オプション取引とはこの券をやり取りすることです。

予約引換券の値段を「プレミアム」と呼びます。期日までの日数や、それまでに予想され

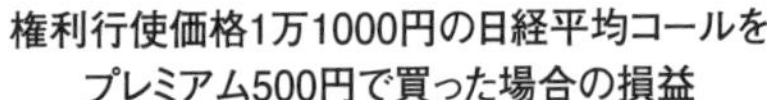

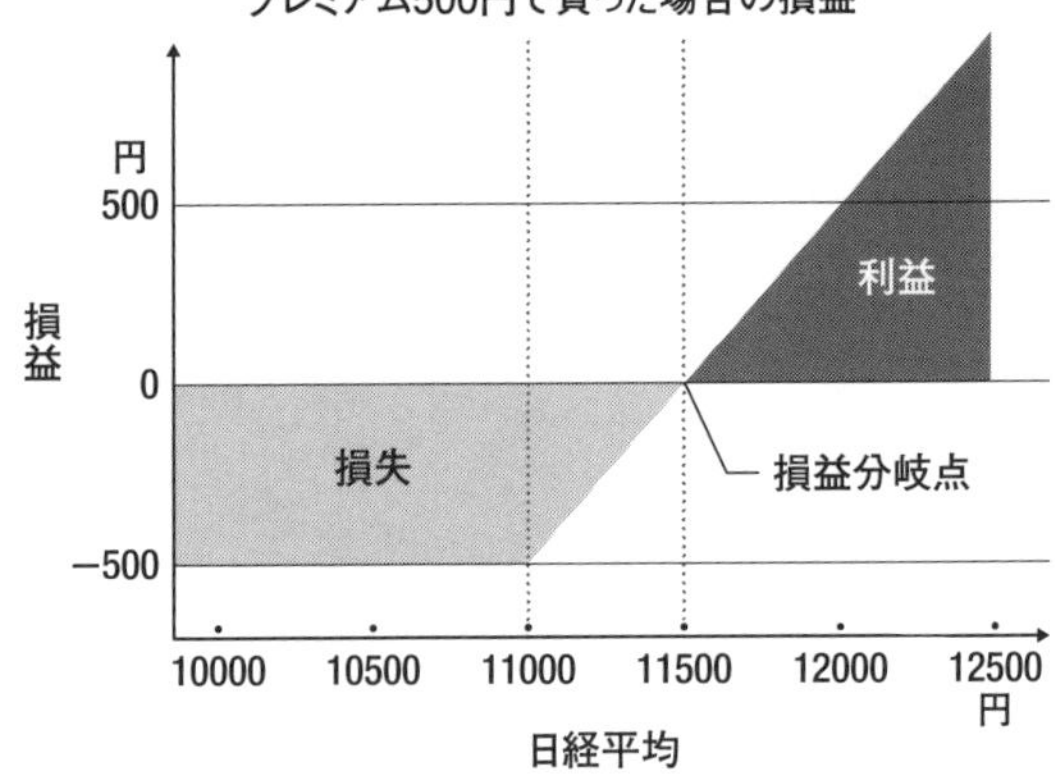

る価格変動率などをもとに、需要と供給のバランスでこの価格は常に変動します。

　オプション取引には買う権利の「コール」と、売る権利の「プット」があります。例としてコールの買いを考えます。今の日経平均株価が１万円で、権利行使価格１万１０００円のコールが５００円で取引されているとしましょう。日経平均が将来値上がりすると考えた投資家は５００円を払ってコールを買っておきます。もし日経平均が定められた決済日に、権利行使価格とプレミアムを足した１万１５００円より高くなっていれば利益が得られます。もし水準に達しなければ最初に払った５００円が損失となります。

同じ例でコールの売りを考えます。売り手は買い手からプレミアムの500円を得ます。日経平均が最終決済日に1万1500円以下にとどまっていれば、最初に得た500円がまるまる利益になります。逆に日経平均がそれより高くなれば、日経平均を1万1000円で売る要求に応じなければならないため損失が出ます。

オプションは買い手と売り手で損失や利益の出方が異なります。相場の動きが予想から外れても、買い手は権利を放棄すれば終わりです。先ほどの例では損失は最大で500円です。一方、売り手は買い手の権利行使を拒めません。買い手の損失はプレミアムに限定されますが、売り手の損失は無限大に膨らむ可能性があります。

売り手のメリットは、相場の膠着局面でも利益を得られる機会がある点です。今の日経平均が1万円で、当面は数千円も下がることはないと考えたとします。このとき、権利行使価格8000円のプットを売っておき、実際に相場がそこまで下がらなければ最初に得たプレミアムが利益になります。つまり、プットは株安に備える保険のようなもので、売り手は保証することで保険料収入を得るイメージです。

繰り返しになりますが、オプションの売り手は損失が無制限に膨らみかねないというリスクを伴います。初めての方がオプション取引を始めるなら、まずは「買い」から入った方が無難といえます。

6 株式投資を支える立役者

□ 取引所の役割

投資家が売買する株式は通常、証券取引所に上場しています。取引所は株価を円滑に決めたり、売買の公正を確保したりする大事な役割を担っています。企業にとっては株式発行で資金を調達する場所でもあります。資本市場のインフラである取引所の仕組みや機能を見てみましょう。

国内には東京、名古屋、札幌、福岡の４つの証券取引所があります。２０１３年に当時の東京証券取引所グループと大阪証券取引所が経営統合し、日本取引所グループが誕生しました。現物株の取引を東証に、指数先物やオプションなどデリバティブ（金融派生商品）の取引を大阪取引所に集約しました。

投資家が売買注文を出すのは口座のある証券会社です。取引所は証券会社を通じて銘柄ごとにたくさんの売りと買いをすり合わせて株価を瞬時に決めます。決定した株価をすぐに市場参加者に知らせることで取引が盛んな取引所ほど売買が成立しやすくなるため、さらに注文が集まるという特徴があります。日本株の売買の大半は東証に集中しています。

取引所にとって上場企業は一種の商品といえます。魅力ある企業をそろえたり、品質を管理したりするのも大事な役割です。

取引所はまず、投資家が売買するのにふさわしいか企業を審査します。長年、業績が振るわなかったり、財務内容に不安のある企業などは上場できません。特定の株主が株式の大半を握っていたり、株主数が非常に少なかったりする場合も審査を通りません。上場後も重大なルール違反があれば、上場廃止などの処分をします。

また、取引所は上場企業に対して適正な情報開示を求めています。提出した決算短信などはインターネットのホームページで見られます。担当者は日々の売買も監視しています。重要な情報の公表前に売買するインサイダー取引や意図的に株価を操作するような不公正取引に目を光らせています。

企業は上場に際して新たに株式を発行して投資家から資金を集めるのが一般的です。好調な業績を保てば、上場後も良い条件で株式を追加発行しやすくなります。

上場する先は成長段階に応じて分かれます。22年4月、東証の市場改革で従来の市場1部や2部などは廃止され、プライム、スタンダード、グロースの3市場に再編されました。プライム市場は機関投資家が安心して投資対象にできる市場というコンセプトで、実質的な最上位市場にあたります。一方、グロース市場は成長期待の高い新興企業向けという位置づけです。

□役員人事や配当を議決する最高決定機関

株主総会は取締役の選任や配当といった重要な経営案件を決議する、企業の最高決定機関です。投資家は株主として、株主総会に参加できます。株主は原則として保有株数に比例した議決権を持ち、その行使を通じて経営に参加することができます。

株主総会には、決算期ごとに開かれる定時株主総会と、株主側の要請や会社側の都合で開かれる臨時株主総会があります。企業は総会に出席可能な株主を確定する「基準日」を設定し、その時点で株主名簿に名前があった株主が議決権を行使できます。

3月期決算企業の場合、多くは3月末を基準日と定めています。株主総会は基準日から3カ月以内を目安に開くため、定時総会の開催は6月下旬に集中する傾向にあります。企業は遅くとも開催2週間前までに、議案の内容を盛り込んだ招集通知を株主に届けます。株主は実際に出席するだけでなく、郵送やインターネットでも議案への賛否を投じることができます。

株主総会は自らの目で投資先の会社を見定める絶好の機会です。議案の採決に先立ち、多くの経営トップが終わった期の事業活動や財務の状況を、株主に説明します。「社長が堂々と戦略を語っているか」「経営陣の息は合っているか」など多くの見どころがあります。オンラインで総会の様子を中継する会社もあります。

かつては同じ日に多くの会社が総会を開いていました。日本取引所グループのまとめでは、3月期決算企業の場合、特定の日に集中する割合は1995年に最も高い96％に達しました。これに対し、投資家から「総会日程が集中し、議案を精査する時間も足りない」との不満の声が上がりました。会社側はこれに配慮し、開催日の分散が進みました。集中率は23年時点で26％まで低下しました。

株主総会では会社側が提示する議案とは別に、株主も議案を提案できます。保有株数や保有期間など一定の条件を満たした株主が対象で、総会の8週間前に会社側に通知する必要があります。

近年は、会社の経営に課題があると考える投資ファンドなどが、株主として配当額の引き上げや会社提案とは違う取締役人事案、事業再編策などを提案することが増えてきました。つまり、一般株主からの賛同を、会社側と競い合うことになります。

近年は、経営のなれ合いを防ぐ目的で企業同士の持ち合い株が減りました。それに伴い、会社提案に賛成する立場の「与党株主」の割合が低下しています。機関投資家も立場にとらわれない形で株主提案への賛否を決めるようになりました。提案に一定の合理性があることで多くの賛成を集める株主提案も出てきています。

7　ＩＰＯ（新規株式公開）への理解を深める

□　ＩＰＯ企業の上場準備をお手伝い

自社の株式を証券取引所に新しく上場する「新規株式公開」（ＩＰＯ）を行う企業の数が高水準で推移しています。２０１０年代半ば以降は、おおむね年間に90社前後が新規上場し

図表 1-19　新規株式公開（IPO）を行う企業数の推移

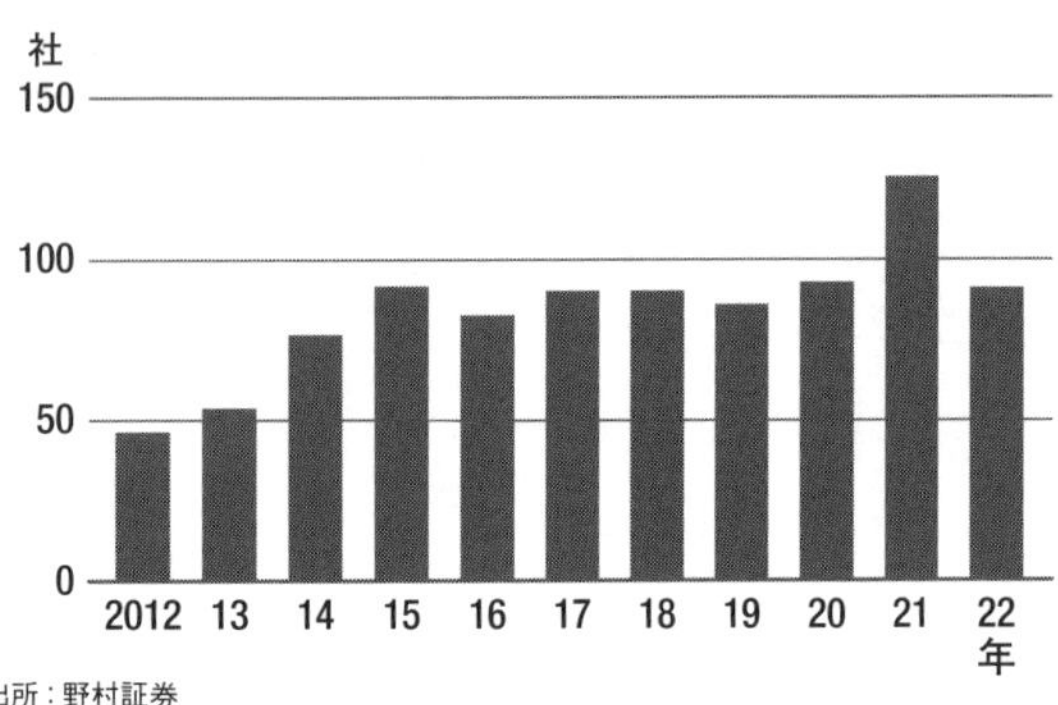

出所：野村証券

ています。ＩＰＯによって企業は資金を得やすくなる半面、投資家の厳しい目にさらされます。上場までの道筋を改めて確認しながら、舞台裏をのぞいてみましょう。

　会社が株式を上場すると個人投資家をはじめ、不特定多数の人が株式を売り買いできるようになります。投資家が取引のタイミングを決めるには、株価に大きな影響を与える情報を知る必要があります。特に業績が今後どうなりそうか、不祥事などの問題はないかといった情報は投資家にとって欠かせません。そのため、上場企業は法令順守などの内部管理や業績に関する情報を、素早く、正しく投資家に知らせる必要があります。これが、「技術力や将来性だけでは株式公開できない」といわれるゆえんです。設立から日が浅いベンチャー企業は管理体制が十分でないことも多く、時間をかけて上場を準備する必要があります。

大半の未公開企業にはそのための組織やノウハウがありません。そこで外部の専門家と共同で、上場にふさわしい社内体制を整えます。専門家の代表は証券会社と監査法人です。証券会社は上場準備や株式の引き受け、販売を担います。監査法人は決算関連の指導・監督が主な仕事です。

証券会社のなかでも中心的な役割を果たすのが「主幹事証券」です。主幹事証券は引き受ける株式数が最も多く、情報開示や取引所への申請書類作成など、様々な面から企業を指導します。企業が主幹事証券を決め、具体的な準備を始めてから、実際に上場するまでの期間は1年から1年半です。主幹事証券はまず監査法人の協力を得て、企業を綿密に調べます。上場に向けて改善が必要な問題点を洗い出し、手直し作業を支援します。その点検に準備期間の後半を充てるというのが大まかな流れです。準備を進めながら、主幹事証券が上場時期を1年程度先延ばすよう提案することも珍しくありません。予算の達成度合いが思わしくない、新規事業の方向性を見極めたいといった場合が多いようです。

ただ、上場時期は公募増資による資金調達計画や事業展開を左右するため、企業も簡単には譲りません。こうした場合、企業がなるべく早い上場を狙って主幹事証券を変えることもよくあります。

情報開示体制や事業基盤が不十分なうちに上場してしまい、突然の業績悪化などで投資家の混乱を招くような企業が増えるのではないかと懸念する声もあります。「貯蓄から投資」の流れを確かなものとするために、主幹事証券の果たす役割も高まっています。

□需要を積み上げて公開価格を決める

取引所による審査を経て企業の上場が承認されると、株式の公開（公募・売り出し）価格を決めることになります。この価格はどのように決まるのでしょうか。

公募価格や売り出し価格の決め方には、市場の需要を積み上げていく形で決める「ブックビルディング方式」と、投資家が一定期間に希望価格を入札した結果にもとづいて決める「入札方式」の2種類があります。現在はブックビルディング方式が主流ですので、ここでは

図表1-20　公開価格決定までの流れ

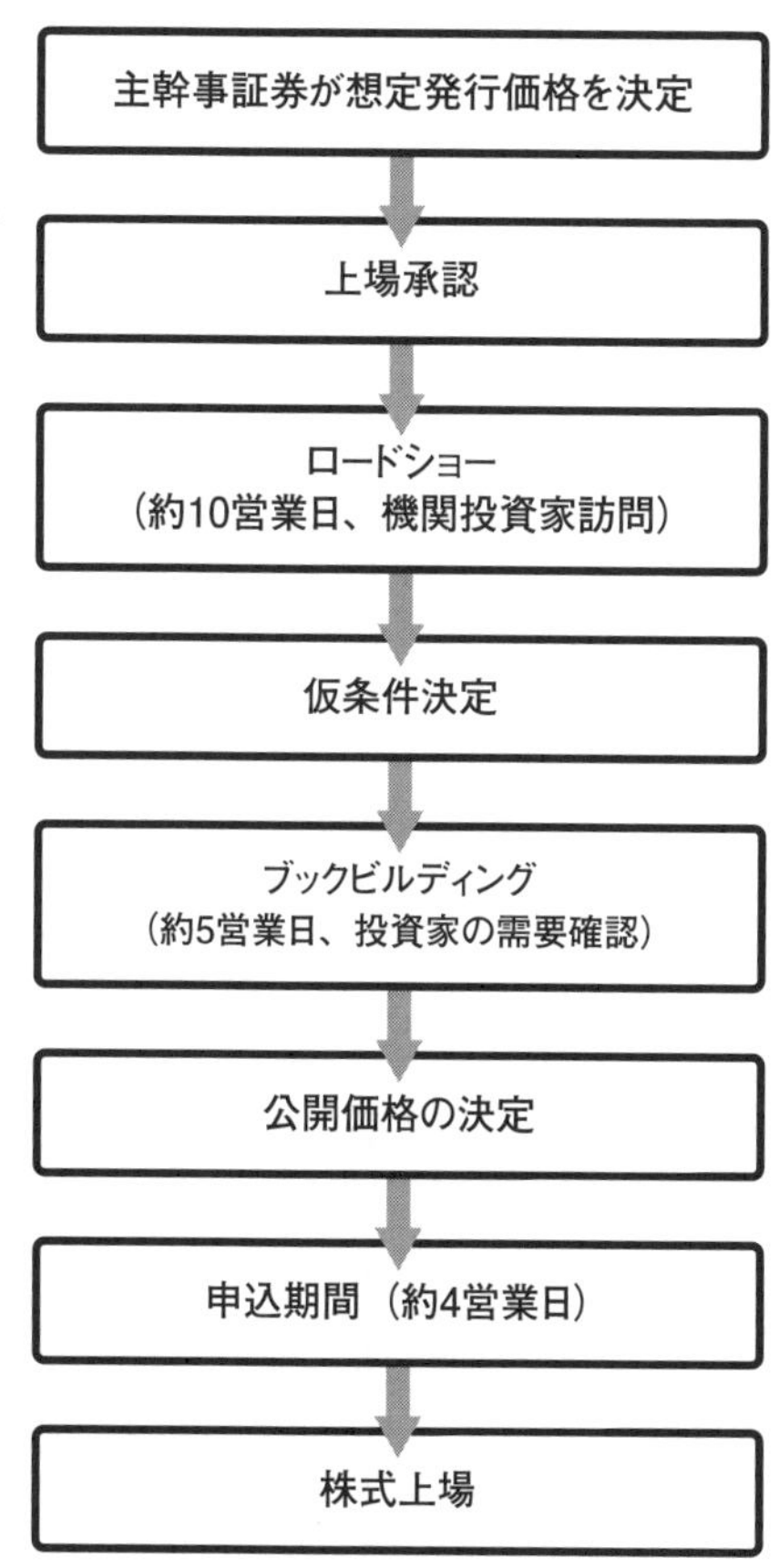

ブックビルディング方式を説明します。

ブックビルディング方式では、主幹事の証券会社などによって「想定発行価格」、想定発行価格に大口の機関投資家の意見を加味して「仮条件」の価格帯、仮条件の範囲で一般の投資家の需要（購入意向）を積み上げて「公開価格」が決まるという3つの決定プロセスをたどります。

まず上場承認の1~2週前に主幹事証券が目論見書などに載せる「想定発行価格」を決めます。すでに上場している同業他社のPERを参考に算出するケースが多いです。

最終損益が赤字であったり、事業内容が独特で類似の上場企業がなかったりする場合などは、この方法では算出できません。この場合、企業が将来にわたって得られる現金（利益）の合計を、金利を使って現在価値に換算したディスカウントキャッシュフロー（DCF）を使うことが多くなります。将来得られる現金やその将来時点の金利の予測は難しいため、担当アナリストの意見を参考にします。

DCFを上場時点での発行済み株式数で割って、企業価値に対する株価を算出します。想定発行価格はこうして算出した値から20～30％ほど割り引いた価格になることが多いです。これは、証券会社が引き受けた株式を売却しやすいよう、投資家に割安感を与えるためです。

次に「仮条件」です。上場が承認された後は、上場する企業のトップや上場準備担当者が機関投資家に対し説明会を開いたり、個別訪問をしたりします。これを「ロードショー」と呼びます。約10営業日をかけ、多ければ50社程度を訪ねます。

機関投資家は、目論見書で企業の事業内容などをつかみ、ロードショーの際の面談で社長の資質を見て企業の価値を判断し、想定発行価格に対する意見を述べます。主幹事証券はこの意見を参考に、上場する企業と協議して「仮条件」の価格帯を決定。売り出しを担当する幹事証券がサイトなどで投資家に提示します。募集中に市場が変動するリスクを考慮して、仮条件には一定の幅を持たせます。

その後、約5営業日の「ブックビルディング」期間があります。この期間に各証券会社が投資家から需要申告を受け付け、主幹事が集計します。仮条件に対する購入意向の程度や市場環境などを総合的に分析し、投資家に販売する「公開価格」を決めます。公開価格の発表後、最終的な購入申込期間が4営業日程度設けられ、上場日を迎えます。

企業が市場から調達する資金額は、この公開価格と公開株式数の掛け算によって決まります。企業は調達した資金の一部を手数料として幹事証券に支払います。手数料率は企業の規模や上場する市場によって異なりますが、一般に6〜7%といわれています。企業は調達額を増やしたければなるべく多くの新株を発行します。ただ、多くの新株を発行して新しい株主が増えると、創業経営者など上場前から保有する株主の議決権が薄まります。公開株式数は企業の経営に影響が大きいため、市場の需要を踏まえる公開価格の決まり方に比べると、企業側の裁量に委ねられる傾向が強いようです。

□ IPOの規模が初値形成に影響する

企業のIPOにあたり、投資家が上場前に買える株は「公募株」と「売り出し株」の2種類があります。

公募株とは企業が新たに発行する株式のことです。上場時に市場から資金を調達することを目的に発行されます。売り出し株は、創業者など既存の大株主が売却する株のことです。売り出し株の売却収入は大株主のもとに入り、企業には入りません。このほかに「オーバーアロットメント」と呼ばれる株もあります。ＩＰＯを実施する前の調査で、公募・売り出しの株数を上回る需要が見込める場合に追加で売り出す株のことです。主幹事証券会社が大株主などから株を借りて投資家に売却する仕組みで、上場後の相場の過熱を抑え、適切な株価がつくようにすることが狙いです。

公募、売り出し、オーバーアロットメントは同じ公開価格で投資家に売却されます。

公募・売り出しの規模は上場直後の株価に影響を与えます。上場初日には目先の株価上昇を狙ったデイトレーダーなど短期投資家の買いが集中しやすいです。その企業の成長性や相場全体の強弱にもよりますが、一般的に公募・売り出しの額や株数が小さい銘柄は需給が逼迫しやすく、実力以上に株価が上がるケースが多いとされます。

一方で資金吸収額（公募株と売り出し株で市場から得る資金の合計）が大きい銘柄は、短期筋の買いだけでは売り注文をこなしきれないため、上場直後の株価の急変動は抑えられる傾向にあります。2022年のIPOで最大規模となった半導体設計のソシオネクストの初値は公開価格比5%高でした。

上場後に大株主が売却に動くと、株式需給の悪化を招く恐れがあります。それを防ぐための仕組みが「ロックアップ」です。創業者やベンチャーキャピタル（VC）など大株主に対して一定期間、市場で株を売らないように取り決めるものです。上場日から90日間か180日間で定めるのが一般的です。ロックアップが設定されるかどうかは上場前に有価証券届出書で確認できます。

上場直後の需給を安定させるロックアップですが、解除のタイミングで大口の売りが出やすいことに注意が必要です。22年6月に東証グロース市場に上場し、一時は同市場の時価総額1位となったANYCOLORは同年12月にロックアップが解除されて以降、大株主の売りが相次ぎ大幅に下落した経緯があります。

□ IPO株の購入はブックビルディング期間に申し込む

図表 1-21　一般的な IPO 株の購入手順

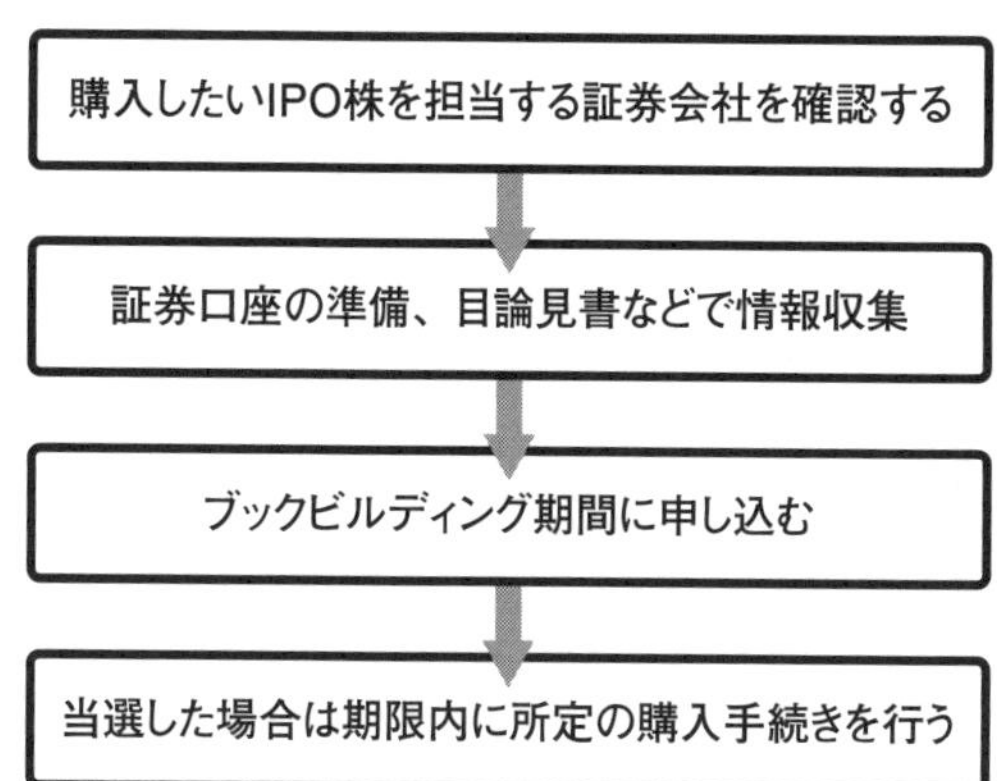

ＩＰＯ株を上場前に購入する手順は、すでに株式市場に上場している銘柄を売買するのとは異なります。どの証券会社からでも申し込めるわけではないことや、抽選になる銘柄が多いことなど、ＩＰＯ株を購入するのに知っておきたいポイントを以下にまとめます。

ＩＰＯ株に申し込むには証券会社で口座を開設しておく必要があります。どの証券会社でもよいというわけではなく、購入したいＩＰＯ株の「引受業務」を担当する特定の証券会社に口座を持っていなければなりません。

引受業務を担当する証券会社は、企業が市場に売り出す株式の割り当てを受け、希望する投資家に橋渡しします。どの証券会社が担当するかは、上場が承認された際に証券取引所がホームページ上で公開する「新規上場会社概要」という資料で確認できます。「元引受取引参加者等」の欄に記載されている証券会社が該当します。

その銘柄を購入するかどうかの判断の材料として、上場する企業が作成する「目論見書」が役に立ちます。目論見書には事業内容の説明や過去の業績、株主構成といった企業の詳細が記されています。

必ずしもすべての銘柄が抽選になるわけではありませんが、一般的にIPO株を上場前に購入するには、事前に投資家の需要をとりまとめる「ブックビルディング（需要申告）」期間に申し込んでおくことが必要です。公募・売り出し価格（公開価格）の仮条件の範囲内で「いくらで何株ほしいか」を申告します。

前述の通り仮条件とは、公開価格を決定するために主幹事の証券会社が機関投資家や金融機関にヒアリングして設定する価格帯のことです。個人投資家らによるブックビルディングを経て、正式な公開価格が決定します。

抽選は公開価格の決定後に行われます。人気の銘柄では倍率が１００倍を超えることも少なくないようです。抽選に応募して当選する方法のほかに、証券会社の営業担当者経由で買う方法もあります。ただ後者の方法は対面営業を行う証券会社が大口顧客への営業手段として優先的に割り当てることが多く、「お得意様」でなければ対象にならないこともあります。

ネット証券などでは、取引の履歴や運用資産額にかかわらず「完全平等抽選」をうたう証券会社もあります。当選の確率を高めるために、複数の証券会社に口座を開いて備える個人投資家もいます。運良く上場前に公開価格で入手したとしても、すべての銘柄が上場後に公開価格より高い値をつけるとは限らないことには注意が必要です。

第2章 投資信託から始めてみよう

1 投信は他の投資とどう違う？

□ 少額で分散投資、プロがまとめて運用

投資信託は、多くの投資家から集めたお金をプロがまとめて運用する金融商品です。株式や債券、不動産など様々な資産に投資し、そこから得られる配当収入や値上がり益を分配金として保有者に還元します。個人投資家にとって身近で手軽な資産形成の手段の一つです。

投信のメリットは、複数の銘柄や世界中の資産に、少ない金額で分散投資できる点です。日本の代表的な株価指数である日経平均株価に連動するタイプの投信を買えば、指数に採用された225銘柄をすべて持つのと同じことになります。また米国のS&P500種株価指数など海外の指数に連動する投信もたくさんあります。株式、債券など多様な資産や市場を組み入れる「バランス型」の投信を買えば、一つのファンドで資産分散を図ることができます。

図表 2-1
拡大が続く日本の投信市場
（公募型の純資産残高）

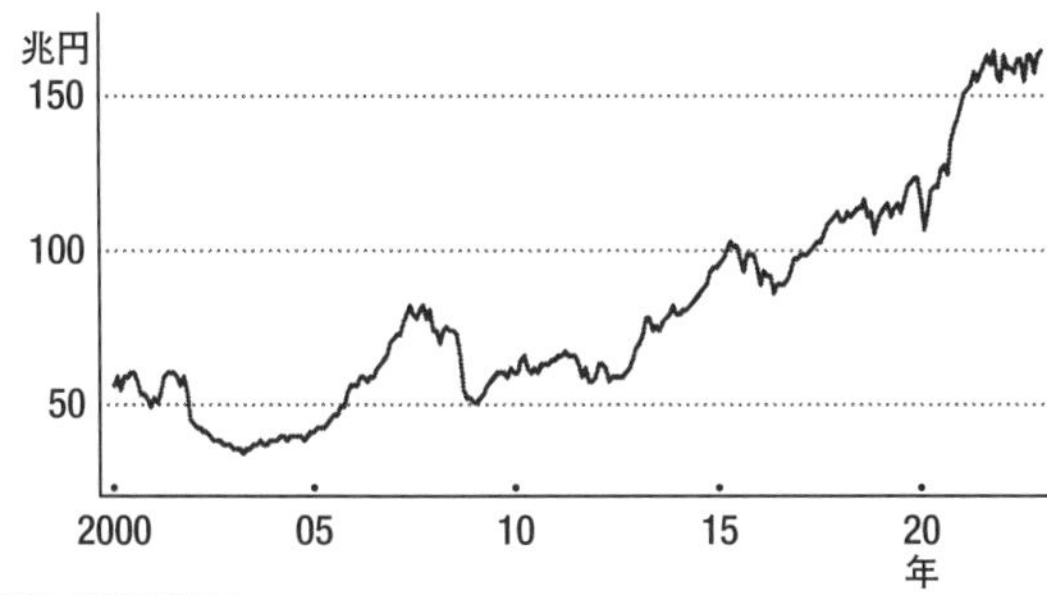

出所：投資信託協会

指数連動だけでなくファンドマネジャーが投資対象を選んで積極的に売り買いする「アクティブ型」もあり、種類は豊富です。

投信のうち不特定多数の投資家に向けて募集されるものを「公募投信」と呼び、証券会社や銀行、保険会社などの金融機関で買うことができます。投資信託協会によると、日本には２０２３年５月末時点で約５９００本の公募型投信がありました。運用総額はおよそ１８０兆円と巨額です。

投信は株式と同じように価格変動リスクがあり、投資の元本は保証されていません。ファンドの運用成績や値段を示すのが「基準価格」です。原則として毎営業日に１回算出され、個別投信の価格は運用会社や販売会社のウェブサイトのほか、日本経済新聞朝刊の相場欄や電子版でも確認することができます。

基準価格は投信の時価を表し、純資産総額を全体の口数で割って求めます。新たな投信は1万口当たり1万円で運用が開始され、基準価格も1万口当たりの値段で表示されます。

投信の運用にはいくつかの手数料がかかります。購入時に支払うのが販売手数料です。「ノーロード」と呼ばれる購入時には手数料をとらないタイプの投信もあります。運用・管理コストを賄うため保有中にかかるのが信託報酬で、信託財産から差し引かれます。解約時にかかる手数料として信託財産留保額があります。手数料率はファンドの種類によって千差万別です。信託報酬は継続して支払うので長期の投資成果に影響します。各種の手数料率をよく確認することが大切です。

□ パッシブとアクティブ　運用ならどっち？

投資信託は運用スタイルで「パッシブ型」と「アクティブ型」の2つに大きく分けること

図表2-2　パッシブ運用とアクティブ運用

	パッシブ運用	アクティブ運用
運用目標	対象とするインデックス（指数）に連動	ベンチマーク（目安とする指数）を上回る運用成績
投資先の選び方	指数の構成銘柄とほぼ同じ	ファンドマネジャーが運用方針や分析にもとづき選別
運用・売買などのコスト	一般的に低い	高め

ができます。近年は、積み立て型の少額投資非課税制度（つみたてＮＩＳＡ）などで資産形成をする人が増えており、パッシブ運用のファンドの存在感が高まっています。２つのファンドにはどんな違いがあるのでしょうか。

パッシブ運用とは、市場平均並みの運用成績を目標とする運用手法です。株や債券などのインデックス（指数）と同じ値動きを目指して、機械的に運用します。投資対象とする銘柄の調査や分析の手間がかからず、運用にかかるコストを低く抑えることができます。

株式投信の場合では、日本株の代表的なインデックスである東証株価指数（ＴＯＰＩＸ）や米国株のＳ＆Ｐ５００種株価指数などに連動するタイプが設定されています。市場ごとの指数だけではなく、ＭＳＣＩオール・カントリー・ワールド・インデックスと同じ値動きを目指す投信など、全世界株式の指数に連動する投信も人気を集めています。対象商品にインデックス連動のパッシブ型が多いつみたてＮＩＳＡや個人型確定拠出年金（ｉＤｅＣｏ）が浸透し、このタイプの投信に注目が集まっています。

国内公募の追加型株式投資信託（上場投資信託＝ＥＴＦを除く）の純資産総額（残高、月末時点）を見ると、２０２３年２月に三菱ＵＦＪ国際投信の「eMAXIS Slim　米国株式（Ｓ＆Ｐ５００）」が初めてトップになりました。同ファンドはＳ＆Ｐ５００（配当込み、円換算ベース）に連動する運用成果を目指しています。

アクティブ運用は、市場平均を上回る成績を目指す手法です。ファンドマネジャーが独自の運用方針や銘柄分析にもとづき、個別銘柄を選別したり売買のタイミングを計ったりして、「市場に勝つ」ことを目的としています。つまり、一定期間に指数が10％上昇するとした場合、パッシブ型の投信では10％の収益を、アクティブ型では10％を超える収益を期待することになります。

アクティブ型の投信は、今後の成長期待が高いグロース（成長）株に集中投資するものや、配当利回りが高い銘柄群に投資するものなど様々な商品があります。電気自動車（EV）関連や、メタバース関連など、話題の分野に特化した「テーマ型投信」も多いです。自分のリスク許容度や相場観にあった商品を選ぶことができます。

ただ、アクティブ型のすべてが市場平均を上回る運用成績を実現できるわけではないことに注意が必要です。アクティブ型は投資対象とする銘柄の調査や市場分析が必要で、投資家が運用会社に支払う信託報酬などの手数料は一般的にパッシブ型に比べ高いのが特徴です。コストが割高になり、その分実質的な運用成績が目減りすることもあります。

2 知っておくべき投信の種類

□上場投資信託（ETF）とは

ETFは「Exchange Traded Funds」の略で、株式と同じように取引所で売買できる投資信託を指します。特定の指数に連動した運用成果を目指すETFが一般的です。対象となる資産は株式のほか債券、不動産、通貨、商品（コモディティー）など多岐にわたります。

株価指数連動型ETFには日経平均株価やTOPIXなどに連動する商品があります。証券会社を通じて売買でき、取引時間中は個別株と同様に刻々と値が動きます。ETFは株式と同様に、売買する値段を事前に決める「指し値注文」、売買の指示だけ出して価格は市場に任せる「成り行き注文」が可能です。通常の投資信託は、当日の基準価格でしか購入や解約ができません。

ETFの魅力は、投資対象のわかりやすさです。日経平均やTOPIXの動向は新聞やテレビなどで簡単に把握できます。業績や業界動向などにも注意しなければいけない個別企業の株式に比べ、比較的初心者にも優しいといえます。

またＥＴＦは、運用手数料にあたる「信託報酬」が割安なことも魅力です。

ＥＴＦは指数を構成する銘柄を保有して運用することで、価格を日経平均やＴＯＰＩＸなどの指数にほぼ連動させます。ただし、上場しているため、市場の需給によって価格が左右され、連動する指数と価格が若干乖離する場合もあります。

２０２３年６月時点で、東京証券取引所に上場するＥＴＦは約３００銘柄です。高配当銘柄や業種ごとの指数に連動するテーマ型の商品、米国のダウ工業株30種平均など海外指数に連動する商品もあります。複数の海外ＥＴＦを購入すれば、個人投資家でも手軽に国際分散投資ができます。

なお、東証は２０２３年６月末に、指数に連動しないＥＴＦを解禁しました。これはアクティブＥＴＦと呼ばれる商品で、従来よりも、自由な商品設計が可能になります。

□不動産にも投資できる投資信託

ＲＥＩＴ（リート）は「Real Estate Investment Trust」の略で、不動産投資信託を指します。投資家から集めた資金でオフィスビルや商業ビル、賃貸マンションなど複数の不動産に投資し、そこからの利益を投資家に分配する金融商品です。日本では頭にＪＡＰＡＮの「Ｊ」をつけて「Ｊ－ＲＥＩＴ」と呼ばれます。

大型ビルなどへの投資には、本来であれば多額の資金が必要ですが、ＲＥＩＴであれば10万円程度の少額から始めることが可能です。ＲＥＩＴは東京証券取引所に上場され、株式と同様に売買されます。商品の流動性が高く、投資家は取引時間内であればいつでも売買ができます。

ＲＥＩＴでは、不動産の運用で得られた利益の大半が分配金に回ります。不動産の賃料収入や売却益から管理費用などを差し引いた残りが利益で、その90％超を分配金に回せば、投資法人はその分配額に対する法人税が免除されるためです。

図表2-3　REITの仕組み

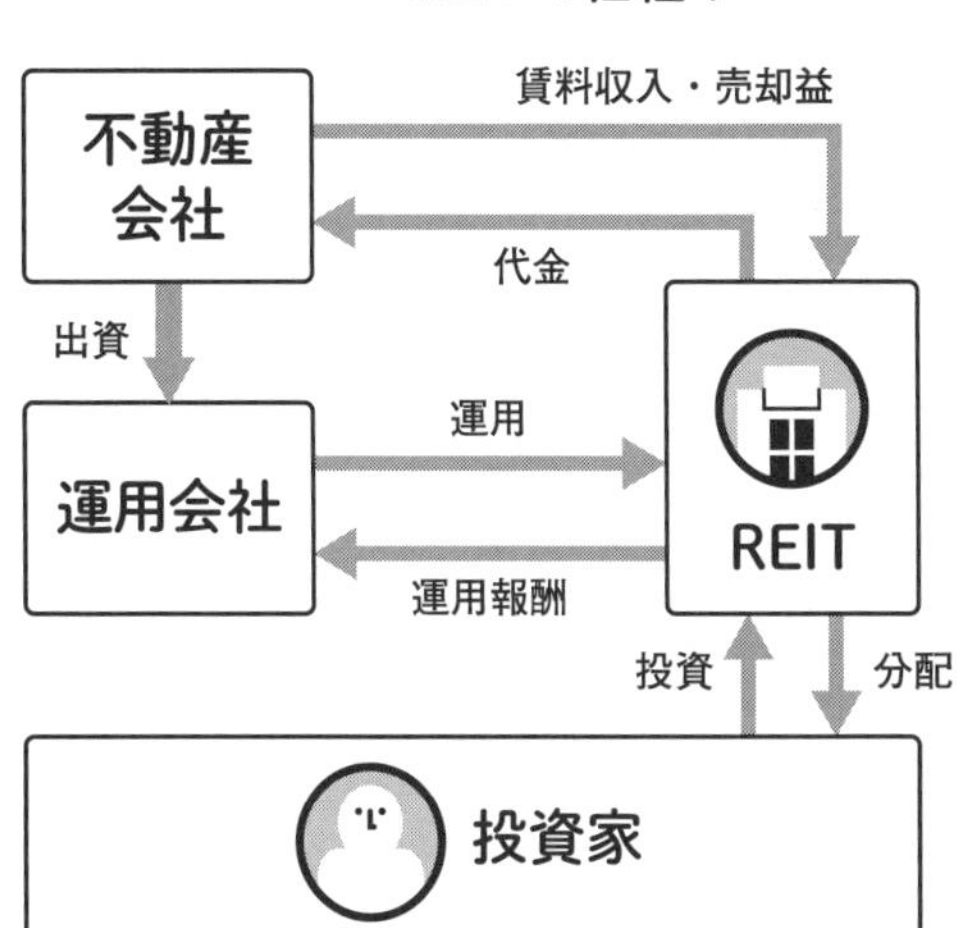

２００１年９月に最初の２銘柄が上場して以来、ＲＥＩＴ市場は拡大を続けてきました。23年６月時点で、東証に上場しているＲＥＩＴは60銘柄にのぼります。

ＲＥＩＴには、債券のように配当利回りで評価する側面と、株式のように値上がり益を狙う側面があります。国債など相対的に安全性の高い資産の利回りとの比較が投資尺度の一つで、利回り格差が縮まると投資妙味（みょうみ）は薄れます。

株式市場に例えれば、投資法人が企業、投資証券が株、分配金が配当ともいえます。投資法人は不動産を保有するための受け皿です。実際に不動産の購入や売却、管理などの運用を受け持つのは認可を受けた運用会社です。

ＲＥＩＴは、賃料収入などを分配金の原資にするため利回りが比較的安定しており、値上がり益より配当収入を重視した投資家に向いた金融商品といわれています。

ただし、ＲＥＩＴは投信ですので、元本や利回りが保証されてはいません。市場価格は変動により、投資元本を割り込む可能性があります。テナントの穴を埋められないなど、うまく運用できなければ、賃料収入が減少したり、管理費負担が増えたりして分配金が減るリスクもあります。

ＲＥＩＴは投資対象の不動産によって特色が出ます。オフィスビルを中心としたＲＥＩＴの場合、賃料相場は景気変動に比べて緩やかに上下する傾向があり、収益も比較的安定しているのが特徴です。商業施設の場合は、オフィスに比べ賃料収入が景気動向や入居テナントの売上高に左右されるリスクが高くなります。異なる不動産に投資することでリスクを分散させることも可能です。

第3章

為替の仕組みを理解しよう

1 為替の取引は個人でできる？

□各国通貨の交換だけではない役割

海外旅行をするときは、自国のお金を行き先の国で使われているお金（通貨）に替える必要があります。インターネットを通じた個人輸入などでも、円以外の通貨を使うことが多いです。このときに必要となる通貨を他の通貨と交換する市場が外国為替市場です。交換割合は為替レートと呼ばれ、通貨の需要と供給に応じて常に変動します。

日本でよく目にするのが「1ドル＝100円」といった、円とドルの為替レートです。1ドル＝100円だった円相場が1ドル＝110円に変化すれば「円安・ドル高」、1ドル＝90円に動けば「円高・ドル安」となったといえます。

見た目の金額が増えているのに「円安」というのは、1ドルを買うために必要な円の金額

図表3-1　24時間行われている外国為替取引

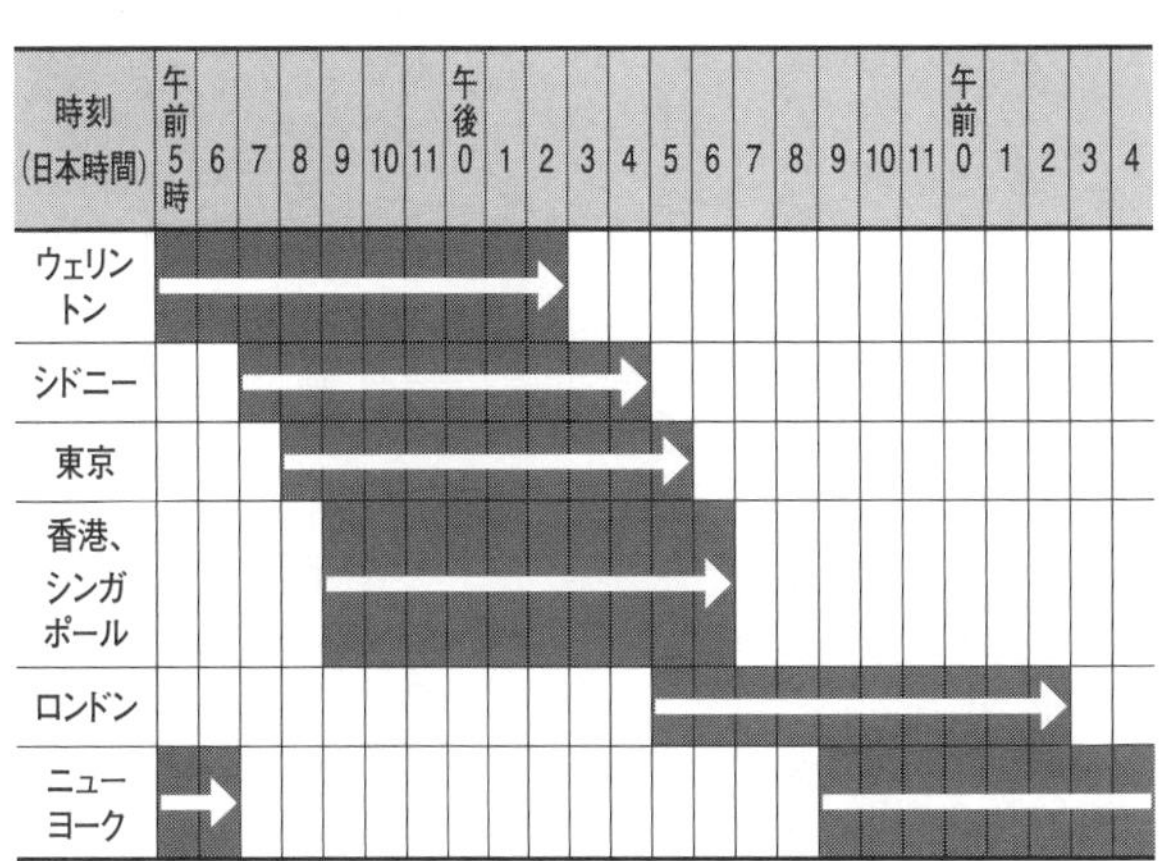

注：米ニューヨークなどは冬時間中は1時間繰り下がる。時間は目安

が増えている、つまり1ドルの価値が高くなって円の価値が下がっていることを示していると考えればわかりやすいです。反対に「円高」は少ない円でドルが買える、つまり円の価値が高いというわけです。

為替市場は株式などのように注文が集まる取引所はなく、通貨を交換したい2者による「相対取引」で行われます。銀行などの金融機関で売買が可能で、銀行同士でも「インターバンク市場」と呼ばれる市場で活発に取引がされています。

為替は日本が夜であっても、時差のある欧州や米国で取引が可能です。24時間、世界のどこかで為替は取引されており、為替市場は日本時間の月曜早朝から土曜早朝まで眠ることなく動き続けています。

日本や米国のように為替レートを市場に任せている国に対し、中東の国や新興国などの一部では「固定相場制」を採用しています。自由な資本移動などを規制するかわりに為替レートを固定し、経済の安定を図るのが目的です。日本も戦後は1ドル＝360円の固定相場制を採用していました。

▢ 為替取引の参加者とは

外国為替市場には大きく分けて「実需勢」と「投機筋」の2つのプレーヤーがいます。実需勢は、海外とのモノやサービスの取引に必要な通貨をやり取りする参加者です。商品を海外に輸出する自動車メーカーや、海外から食料品を輸入して国内で販売する食品メーカーなどです。海外株や債券を売買する証券・保険会社、年金基金なども実需勢といえます。

図表 3-2　外国為替市場の主な参加者

輸出入会社	事業環境に応じて通貨をやり取り
FX勢	「ミセス・ワタナベ」と呼ばれる個人が中心
ヘッジファンド	富裕層などからの資金で通貨を売買
証券や保険会社、年金基金など	国境をまたいで株や債券などの資産を売買
銀行	カバー取引や、自らの判断にもとづいた売買

輸入企業は貿易相手に支払うドルを少なく仕入れたいため、円高・ドル安の方が有利とされます。輸出企業は円安・ドル高の方が海外に安い値段でモノを売れるため、国際競争力が上がるとされています。

投機筋は為替の動きで利益を得る市場参加者を指します。富裕層などから資金を集め、それを運用して利益を出すヘッジファンドや、外国為替証拠金（FX）勢などが代表例です。

日本でもよく知られているFXがその存在感を高めたのは2007年ごろです。一般の主婦まで取引するほどの人気で、為替への影響力の大きさもあいまって、海外では日本のFX勢が「ミセス・ワタナベ」と呼ばれています。22年は円安・ドル高が歴史的な水準まで進んだこともあって取引額は1京円を超え、過去最大になりました。

銀行は実需勢や投機筋も含めた様々な顧客に対し、為替レートを提示し、為替取引を引き受けます。銀行は利益を出すため自らの資金で通貨を売買することもあります。

2 為替取引に使われるお金の種類

円やドル、ユーロなどの通貨を売買するのが「外国為替取引」です。通貨によって相場を動かす材料が異なるだけに、各通貨の特徴、動きのクセをつかむ必要があります。

□ 世界の基軸通貨「米ドル」

米国の通貨であるドルは世界の基軸通貨です。為替相場は米国の政策や経済動向を中心に動くことが多く、ドルや米国に関する知識は外貨取引を進める際の「必修科目」といえます。

国際通貨基金（ＩＭＦ）によると、各国・地域の通貨当局（日本では財務省や日銀）が保有する外貨建ての資産「外貨準備」の約60％がドル建て資産です（２０２２年3月時点）。中国の人民元の増加などを背景にドルの占める割合は減少傾向にありますが、それでも圧倒的なトップです。

為替相場を動かす主な要因は中央銀行の金融政策、モノやサービスの輸出入額の差からなる貿易収支、外交・安全保障問題を映す地政学的リスクなど様々です。

22年は米国の中央銀行である米連邦準備理事会（ＦＲＢ）が金融引き締めを進める一方、日本は日銀が金融緩和政策を続けたため、ドルは円に対して大きく上昇しドル高・円安が加速しました。主要通貨に対するドルの強さを示す「ドル指数」を見ても、22年9月には20年ぶりの高値を更新しました。ドルは円だけでなく主要通貨に対して全面的に買われていたといえます。

かつては米国が抱える巨額の経常赤字を背景に、ドルが円やユーロなど主要通貨に対し下落していた時期もありましたが、過去20年間のドル指数を見るとリーマン・ショックの起きた08年を底に14年ごろからは上昇傾向にあります。

戦争やテロ、国際情勢などで為替が動くこともあります。01年9月の米同時多発テロではドルが急落しましたが、22年2月のロシアによるウクライナ侵攻後には逆にドルが買われました。欧州からの地理的な遠さからドル資産への安心感が高まった面がありそうです。

□20カ国が採用している通貨「ユーロ」

ユーロは1999年1月に誕生し、欧州連合（EU）27カ国のうち20カ国が採用している通貨です。複数の国にまたがって使える共通通貨の導入は、EU創設を定めた93年発効のマーストリヒト条約に欧州統合の柱の一つとして盛り込まれていました。

当初は金融・証券市場の取引だけで使われていました。その後、2002年から紙幣や硬貨が発行され、市中で使われるようになりました。直近では23年1月1日にクロアチアがユーロを導入しました。

市場での取引量や、外貨準備のシェアで米ドルに次ぐ世界2位で、「第2の基軸通貨」と呼ばれています。01年9月の米同時多発テロをきっかけに、ドルの急落リスクを避けようと、持つ人が増えた経緯もあります。ＩＭＦによると、各国の外貨準備の通貨構成比で22年7～9月期は約2割を占めました。

導入国は自らの金融政策を放棄し、ドイツのフランクフルトに本部を置く欧州中央銀行（ＥＣＢ）に委ねます。金融政策を決めるＥＣＢの理事会は正副総裁や理事、加盟国の中銀トップで構成されています。ただ、財政政策は各国が独自に手掛けており、国によって国債利回りや経済状況は異なります。そのため、ＥＣＢによる金融政策の難度は高いといえるでしょう。

□天然資源の恩恵「資源国通貨」

ドルやユーロといった主要国通貨に次いで人気が高い通貨を紹介しましょう。

原油、鉄鉱石などの天然資源を豊富に産出する国の通貨です。カナダドルやオーストラリアドルが代表例で、投資の世界では「資源国通貨」と呼ばれます。

図表3-3
代表的な資源国通貨と輸出品

カナダドル	原油
豪ドル	鉄鉱石、石炭
ブラジルレアル	鉄鉱石、穀物
南アフリカランド	貴金属
ニュージーランドドル	乳製品、肉類

資源国は自国でとれた資源を輸出して収入を得ます。一般に資源価格の上昇は、製造業のコストやガソリン価格を押し上げ、景気の悪化を招く要因となります。一方、資源国にとって資源高は収入を増やすメリットもあります。

2022年はウクライナ危機で世界的な原材料不足が意識されました。国際商品の価格動向を示すリフィニティブ・コアコモディティーCRB指数は、同年6月に一時、約11年ぶりの水準まで上昇しました。資源国通貨は輸出が増えて景気が良くなるとの連想から、そうでない国の通貨に比べて堅調に推移する場面がありました。

通貨の総合的な実力を示す「日経通貨インデックス」は22年6月に一時、カナダドルが21年末に比べ3%、豪ドルが同5%上昇しました。

資源国は経済成長によるインフレリスクを抑えるため、政策金利を高めに設定する傾向があります。高金利に引かれて資源国通貨を買う投資家も多いとみられます。例えばカナダの政策金利は23年6月時点で4・75％、オーストラリアは4・1％、ブラジルに至っては13・75％あります。日本は金利水準が低いため、資源国通貨をFX取引や外貨預金などの形で保有する個人投資家も多いようです。

注意が必要なのは、こうした国の通貨は取引規模が小さいことです。22年4月時点で国際決済銀行（ＢＩＳ）がまとめた外国為替取引に関する調査を見ると、通貨別の取引シェア（全体で２００％）は米ドルが88％、ユーロの31％が続きます。豪ドルとカナダドルはそれぞれ6％、ブラジルレアルは1％に過ぎません。

資源安になれば、巨額の資金を運用するヘッジファンドなど一部の投資家の売りによって相場が下がるリスクがあります。金融危機や景気不安に陥ると、高金利につられて流入したマネーも運用リスクを避ける目的で手早く引き揚げられる傾向にあります。

為替手数料が高い点も要注意でしょう。円を元手に外貨預金を始める場合の手数料は、三菱ＵＦＪ銀行のインターネットバンキングで、米ドルが1米ドル当たり25銭です。豪ドルは

1豪ドル当たり50銭と、米ドルの2倍の手数料がかかります。外貨で運用して円に戻す際も手数料がかかります。それを上回る金利収入や、相場上昇による為替差益を見込めるかをじっくり考えて判断する必要があります。

□ 市場が2つある中国通貨「人民元」

人民元は中国の通貨です。市場での需給に応じて自由に価格が決まる変動相場制の米ドル、日本円などと異なり、中国人民銀行（中央銀行）が管理変動相場制を導入しています。毎朝、取引のベースとなる「基準値」を公表すること、1日当たりの変動率を制限していること、明文化されていませんが相場の急変時には窓口指導や取引規制など様々な介入を行うのが特徴です。

人民元の取引には「オンショア市場」と「オフショア市場」の2つの市場が存在し、それぞれ異なる為替レートで取引されています。「オンショア市場」は中国本土での取引で、人民銀行と国家外為管理局が厳しい管理体制を敷いています。「基準値」は前日の終値に加え、

図表 3-4　人民元の取引量拡大

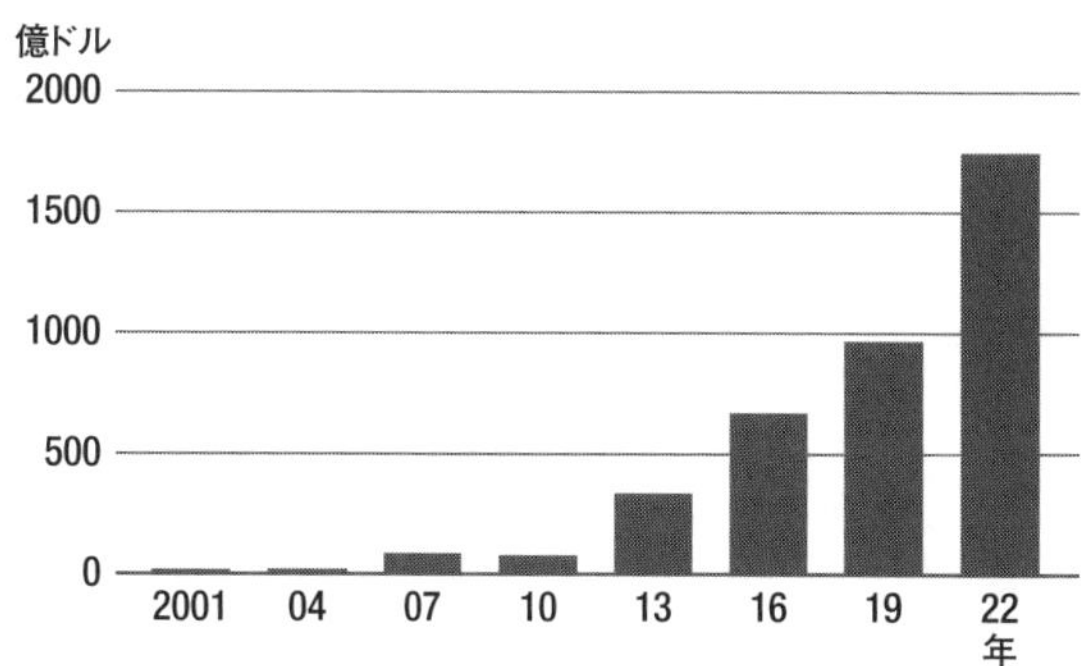

注：銀行間取引における１営業日平均の取引高
出所：BIS

ドルやユーロなどの動きを参考に人民銀行が算出・公表しますが、一部にブラックボックスがあり恣意的な設定がされているとの指摘がありま す。

「オフショア市場」は香港やロンドン、シンガポールなど中国本土外での取引を指します。基準値が存在せず、実勢を反映する傾向があるとされます。２００９年に人民元が貿易決済通貨として使えるようになり、10年に香港に初めてオフショア市場が誕生しました。

それぞれを区別するため、為替市場ではオンショア人民元を「ＣＮＹ」、オフショア人民元を「ＣＮＨ」と表記します。

中国政府は国際決済取引でのドル依存度の低下を進めると同時に、人民元の国際化を推進しています。08年のリーマン・ショックを機に、基軸通貨としてのドルへの信認が問われるようになったことが背景にあります。

海外の投資家が中国に投資しやすくするなど、様々な規制緩和やオフショア市場の拡充を進めました。16年にはIMFのSDR（特別引き出し権）構成通貨にも追加されました。世界各国の外貨準備における人民元の比率も拡大しています。

BISが3年に1度発表する世界の為替取引に関する調査によると、銀行間取引の1営業日平均の人民元の取引額は22年に1750億ドルとなり、10年の21・5倍に拡大しています。日本円やユーロの取引額は人民元を上回っているものの、それぞれ10年比で0・9倍と1・5倍にとどまり、人民元との差は縮小しています。

しかし、人民元は今のところ米ドルにかわる基軸通貨になるのは難しいとの見方が一般的です。国際的に幅広く利用されるようになるには、他の通貨と自由に両替ができる状態が確保される必要があります。自由な資本取引ができるような規制改革が人民元の普及を左右しそうです。

3 為替はなぜ動くのか

□ 金利差と連動

円やドルなどの通貨をお互いにやり取りするのが「外国為替取引」でしたね。為替相場の動きは景気や企業収益にも大きな影響を及ぼします。為替相場がどのように決まるのかを中心に説明します。

為替相場を動かす材料はいくつもあり、一つとは限りません。その時々で、注目される材料は変化していきます。ただ、一般には金利差や景気動向の影響を受けやすい傾向があります。なぜでしょうか。

資金は金利が高い方へと動きます。金利が高いほど、大きな運用益を上げられるからです。特定の企業や集団が金利の高い国・地域での資金運用を始める場合、一旦は手元資金をその国の通貨に替えることになります。このような動きが重なると、金利が高い国の為替相

図表3-5　金利差と為替の連動傾向

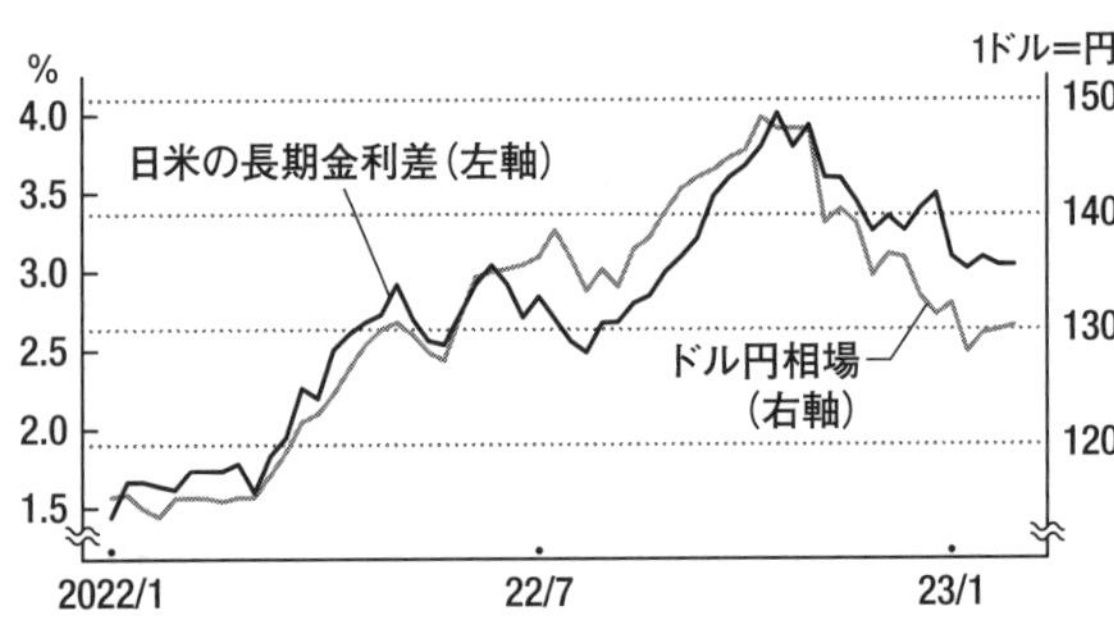

出所：QUICK

場が次第に上昇するというわけです。

２０２２年を例にとって見てみましょう。年初から秋にかけて、円相場は対ドルで1ドル＝１１５円前後から１５１円台に下落しました。このときの急激な円安・ドル高の有力な材料といわれていたのが日米の金利差です。

長期金利の指標となる10年物国債利回りを、22年10月時点で比べてみます。米国が4％を超えていたのに対し、日本はわずか0・25％程度でした。金利差は年初の1％台半ばから大きく広がりました。「金利が高い国の通貨が買われる」という原則通り、高金利通貨のドルに人気が集まりました。

金融政策の動向も金利差と似た働きをします。FRBは操作目標とする政策金利を引き上げるなど、金融環境の引き締めを志向しました。一方で日銀は緩和路線を据え置いていたという違いが円安圧力になりました。

景気動向はどうでしょうか。景気が悪化し始めると、中央銀行が金融緩和に踏み切るため金利が低下し、その国の通貨が売られるといわれています。その後、金融緩和で景気が持ち直す期待が高まれば、いずれは金利が上昇に転じるとの見方から通貨が買われる場合があります。景気悪化→金融緩和→景気回復→金融引き締め→景気悪化というサイクルを読んでいくことが大切です。

▢日本の経常黒字額縮小が影響

為替相場はその時々の様々な要因で変動します。国境を越えた資金のやり取りを示す経常収支も決定要因の一つです。

経常収支は「第1次所得収支」「第2次所得収支」「貿易・サービス収支」に分かれます。「第1次所得収支」は海外子会社や海外企業への投資に関する「直接投資収益」や、株式や

図表3-6　日本の経常収支は投資で稼ぐ

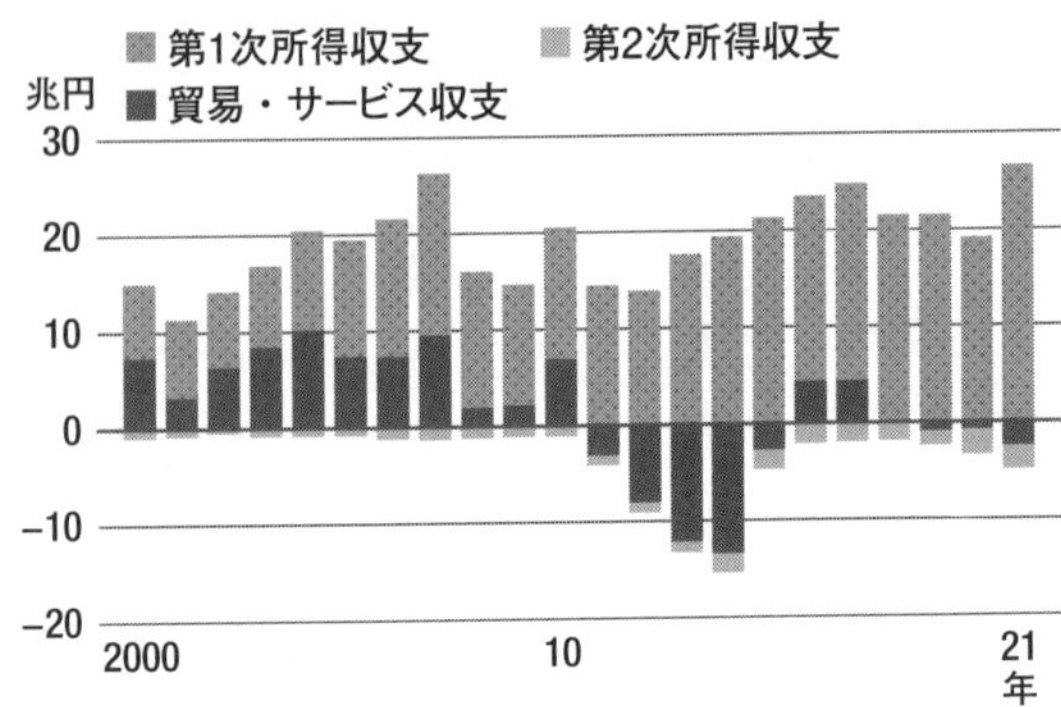

出所：財務省「国際収支状況」

債券の購入に伴う「証券投資収益」などを指します。日本経済は経常黒字のほとんどを第1次所得収支で稼ぐ構造が定着しています。第2次所得収支は官民の無償資金協力などですが、規模は限定的です。貿易・サービス収支は東日本大震災後のエネルギー輸入の拡大などで赤字の年が増えています。

投資家心理を含め為替相場に大きな影響を与えているのは、日々の経済活動に伴う「貿易・サービス収支」です。では、どのような経路をたどって影響を与えるのでしょうか。個別企業の商取引で考えると仕組みがわかりやすくなります。

例えば、ある日本企業が自動車を輸出して米国で販売したとします。この企業は現地通貨のドルで受け取った代金を円に替えるため、ドル売り・円買いに動きます。外為市場では円高要因となります。逆に日本で輸入品を販売する企業は、米国で商品を仕入れるためのドルを確保しようと円売り・ドル買いに動きます。つまり、円安要因になります。

貿易・サービス収支はこうした個々の企業の商行為を積み上げたものです。輸出額が輸入額より多く黒字になれば、差し引きで円高要因が円安要因を上回ることになります。「貿易・サービス収支」が黒字であれば、円を必要とする企業が多いという需給バランスを示す重要な指標になります。

また、経常黒字自体が国の経済状態が良好であることを示すバロメーターにもなります。経済力が強い国の通貨が買われるという原則に立てば、経常黒字ならこの視点からも円高要因になります。

もっとも経常収支が改善すればその国の通貨は上昇し、悪化すれば下落という単純な図式がいつも当てはまるとは限りません。なぜなら、経常赤字の拡大は旺盛な国内需要を映している場合があり、海外から投資を呼び込んでいれば通貨高要因となるからです。

国際間の資本の移動が活発になっているため、経常収支が為替相場に与える影響は相対的に小さくなっているという指摘もあります。それでも短期筋を含めた投資家の売買行動のきっかけとなるケースは多く、市場の注目度はなお高いといえます。

□通貨当局の売買や高官の発言で介入

為替相場はいつでも景気や金利、経常収支といった各国のファンダメンタルズばかりを映して動くわけではありません。各国や地域の通貨当局の介入などにも大きく影響を受けます。

通貨当局とは日本なら財務省と日銀、米国は財務省やFRB、欧州ならECBなどを指しますが、厳密な定義はありません。海外の政府などと通貨問題を協議したり、政策金利の変更権限を持つ組織を広く通貨当局と呼ぶ場合が多いようです。政府が自らの勘定で直接、為替取引に乗り出す市場介入は、通貨当局の意志を最も明確に示す政策手段です。相場が急激に変動し、行き過ぎた状況のときに介入によって市場の安定化を図ります。相場を適正な水準に誘導する役割も担っています。

図表 3-7
直近の円買い・ドル売り介入の実績

1991年	563億円
92年	7169億円
97年	1兆591億円
98年	3兆470億円
2022年	9兆1881億円

出所：財務省

日本では、財務省が実施を判断し、日銀が売買をします。２０２２年9月には「過度な相場変動に断固として必要な対応をとる」として約11年ぶりに介入に踏み切りました。円相場が1ドル＝１４５円台へと急激に下落したことがきっかけです。円買い・ドル売りの介入としては１９９８年以来で、実施後に円相場は１４０円台に上昇するなど一定の効果を見せました。

実際に介入をしなくても、通貨当局は発信によって「いつか介入に踏み切るかもしれない」と市場をけん制することがあります。これを「口先介入」と呼び、市場が当局の動きを意識して極端な売買を控える効果があるといわれています。

ただ、1日当たりの為替取引が数百兆円を超す外為市場のなかで、介入が持つ効果に対しては懐疑的な声もあります。しかし、通貨当局の高官発言や市場介入の有無が取引材料として注目されるケースはしばしばあります。各国の景気動向などとバランスをとって見ていくことが大切でしょう。

4 FX(外国為替証拠金)取引って難しそう

□ FXとは個人の為替取引手段

FX取引は個人を中心とした外貨運用の手段です。「Foreign Exchange」から略称をつけています。ある通貨を別の通貨に対して安く買って高値で売るか、高く売り安値で買い戻して収益を確保します。

取引を始めるにはFX会社に口座を開設する必要があります。SBI FXトレードや外

図表 3-8　FX 取引額の推移

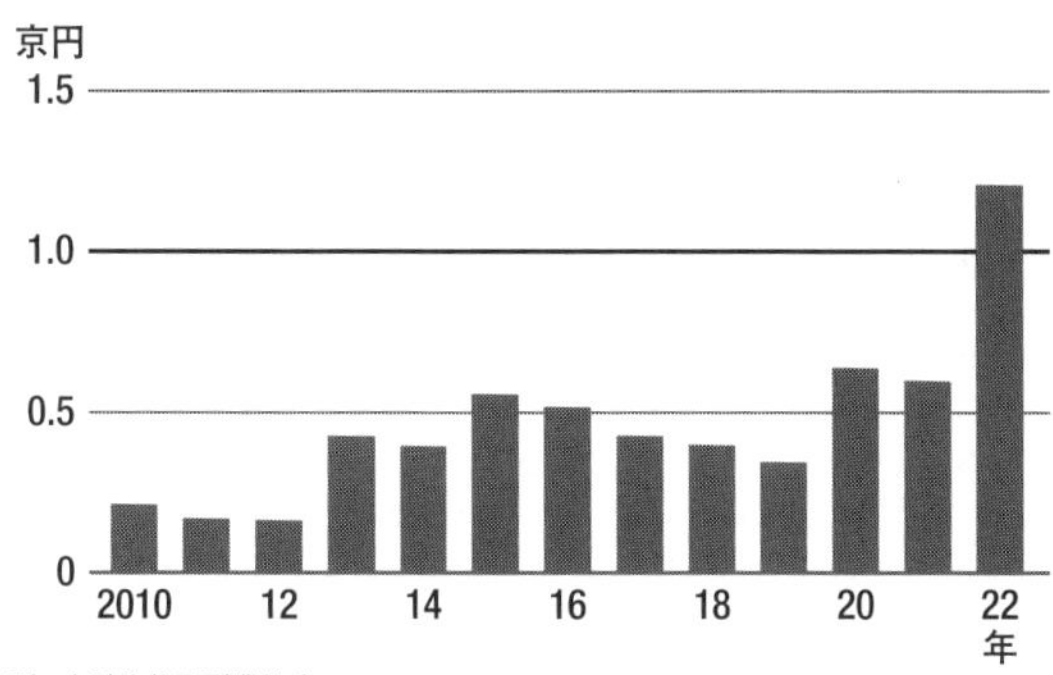

出所：金融先物取引業協会

為どっとコム、セントラル短資ＦＸなど様々な取扱会社があります。口座を開いたら一定額以上の証拠金を入れ、それを担保に投資に必要な円や外貨を調達します。

米ドルを売りたければドルを、ユーロを売る場合はユーロを借ります。円だけを証拠金として入れたとしても、外貨を借りることは可能です。

基本的に土日は取引できません。選べる通貨の組み合わせはたくさんあり、優先して検討すべきなのは米ドルと円、ユーロなどです。政治や経済の優位性を背景に世界から投資資金が集まり、市場の規模が大きいためです。

とりわけ米ドルは貿易などの決済時に広く用いられており、各国が対外債務の支払いや為替介入に備えて保有する「準備通貨」として世界一の存在感があります。米国の国債や社債、株式へのマネーの出入りも活発なため取引量が最多です。

取引量の多さでいえば、ユーロ圏に隣接するスイスのフランや、先進国かつ資源国としての側面も持つオーストラリアやカナダのドルなどを検討してもよいでしょう。

日本のＦＸ投資家が「ミセス・ワタナベ」と呼ばれているのは先述しましたが、実際に一般の主婦も熱を入れるほど取引が活発になり、「相場に大きな影響力を持つ存在」として２００７年ごろに注目されました。ミセス・ワタナベによる取引量は22年に1京２０００兆円を超え、過去最高です。１ドル＝１５０円を超える歴史的な円安が進んだ裏にもＦＸ投資家の取引があるといわれており、外為市場に大きな影響を与え続けています。

□手持ち資金の最大25倍まで運用可能

ＦＸ取引では、手持ちの資金より大きい金額の取引をすることができます。レバレッジ（てこ）と呼ばれ、ＦＸ会社の口座に差し入れた証拠金の25倍の規模まで取引が可能です。

例えば証拠金が5万円の場合、最大125万円の取引ができます。1ドル＝100円の相場でドルを買う場合は1万2500ドルになります。その後円安・ドル高が進み、1ドル＝120円でドルを売った場合、手数料などを考慮しなければ25万円の差益を得られます（図表3－9）。

ただレバレッジをかけると、損失時の金額も大きくなります。相場が大きく動いた際には、強制的に損失を確定する「ロスカット」という取引が行われます。自分が行っていた取引の反対売買をする仕組みで、証拠金の大半を失うリスクがあります。ロスカットの基準となるのは証拠金にどれだけ余裕があるかを示す「証拠金維持率」という指標です。基本的には口座にある証拠金に含み損益を加減した金額を、取引額に対して用意すべき「必要証拠金」で割って求めます。

短期で大きい利益を得るために、高めのレバレッジをかける投資家は少なくありません。その分、大きなリスクをとっていることを理解し、注文のタイミングを見極めることが大切です。

図表 3-9 レバレッジ（てこ）の仕組み

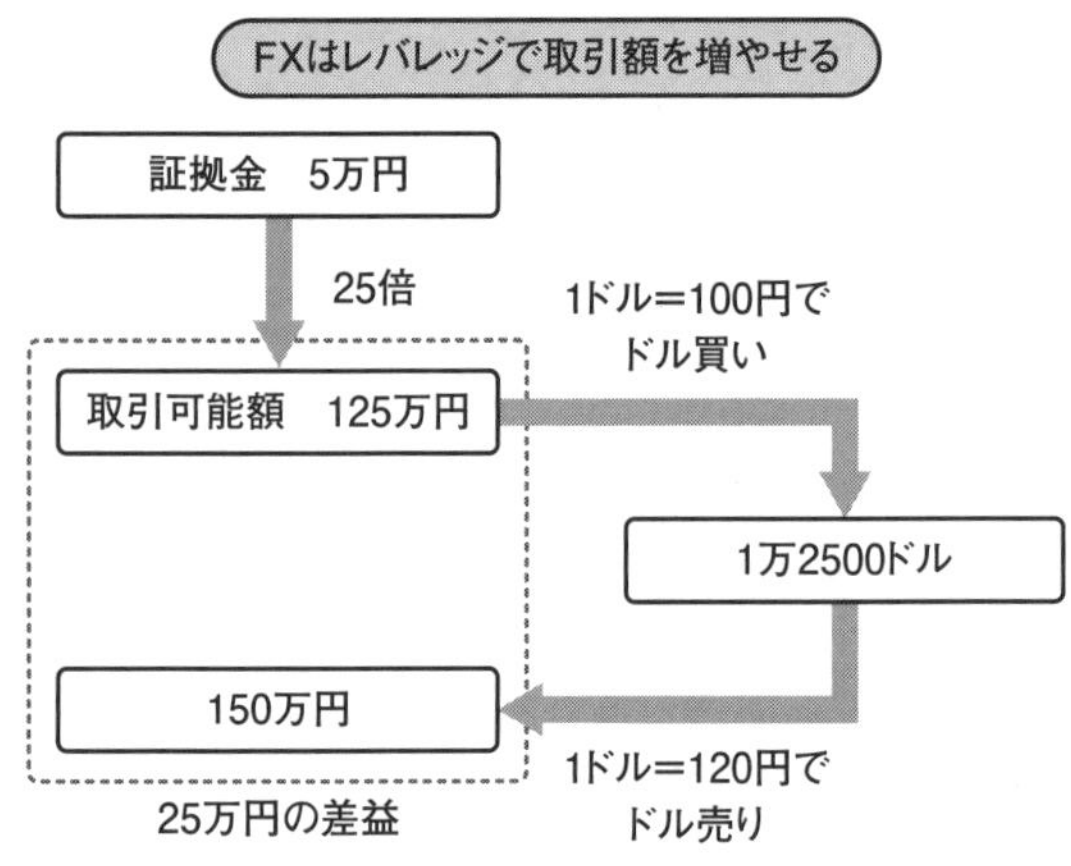

相場変動をもたらし得る要素は数え切れないほどあります。代表的な経済指標に米国の雇用統計があげられます。失業率や就業者数、平均時給など、米雇用状況に関する指標が毎月公表されます。ここで「米雇用情勢が強い」と判断できる数字の場合、他の通貨に対して米ドルが買われやすい傾向にあります。各国政府や中央銀行の動向も注目されています。

特定の事象に焦点を絞って一方向への取引が盛り上がった場合、「オーバーシュート」と呼ばれる行き過ぎの状況が起こることがあります。逆回転のきっかけとなるため、リスクをとりすぎた取引には注意が必要です。

□収益ポイントは「通貨の金利差」

ＦＸ取引で収益を得る方法は、通貨の値動きをとらえて売買するだけではありません。低金利の国の通貨を売って、金利の高い国の通貨を買うと得られる「スワップポイント」があります。

スワップポイントは異なる2通貨間の金利差によって決まります。低金利通貨を売って高金利通貨を買い、その持ち高を保有し続けるとスワップポイントを毎日受け取ることができます。円を売ってドルを買うのは代表例です。２０２３年6月時点ですと、１ドル当たり2銭程度を1日に受け取れることが多いようです。

逆に低金利通貨を買って高金利通貨を売ると、スワップポイントを払うことになります。そのため買った通貨の相場が上昇しても、その通貨の金利が相手国通貨より低ければ利益は徐々に削られるため、通貨の値動きとともにきちんと確認することが大切です。

ＦＸ取引でかかるコストとしては、通貨の売値と買値の価格差である「スプレッド」もあります。あるＦＸ会社の米ドル・円の価格を見ると、23年6月下旬のある時点で、ドル売り・円買いは1ドル＝１４２円8銭4厘、ドル買い・円売りは1ドル＝１４２円8銭6厘でした。

この場合、ＦＸ会社は1ドルを2厘高く売り、安く買っていることになります。この差がＦＸ会社の収益となり、投資家にとってはコストになります。1万ドルを取引した場合のコストは20円です。「売買手数料ゼロ」をうたっているＦＸ会社でも、実質的なコストはスプレッドによって投資家が負うことになるため注意しましょう。

市場参加者が少ないとスプレッドは広がることがあります。政府や中央銀行幹部の発言や重要な指標の発表前に、結果を確認したいとして投資家が取引を手控える場面などです。発表後も相場が突然反転するといった難しい値動きになるため、注文のタイミングを見極める必要があります。

第4章 債券の基本を学ぼう

1 債券とは何か？

国や企業の資金調達手段

債券は、一言でいえば借金の証書、証文です。国や企業が長期の資金を調達するために発行します。債券の買い手は定期的に利子を受け取るほか、債券の満期となる償還日に元本が返ってきます。発行体の国や企業が破綻しない限り、元本が払い戻されるため、株式などと比較して安全資産とされています。

債券市場には新たに債券が発行される「発行市場」と、発行後に売買される「流通市場」があります。新たに債券を発行する場合、投資家に1年間でいくら支払うかを示す「利率」と、満期での返済額を示す「額面」を決めます。

「流通市場」では満期前であっても債券を売却することが可能で、発行額の多い国債などでは盛んに売買されています。景気や金融政策、発行体の信用力、需給のバランスによって常に債券の価格は変動します。売却するタイミングによっては投資元本を割り込むこともあるため注意が必要です。

債券投資の成績を測るうえでは「利率」ではなく「利回り」が重要です。「利率」はよく目にする、額面に対する利息の割合のことで、「クーポン」とも呼びます。

一方、「利回り」は投資金額に対しての利息収入と、「償還差損益（投資金額と額面金額の差）」の合計がどのくらいの割合になるかを示すものです。利回りが高いほど償還までに保有した場合の収益が大きく、魅力的な債券といえます。

債券の「利回り」と「債券価格」は逆方向に動きます。償還時に返ってくる元本は原則として確定しているため、価格が上昇した債券に投資すると償還時までに得られる利益が小さくなり、利回りは低下します。

日本では日銀が、低迷が続いている景気を刺激するために国債を大量に買い入れ、金利を低く押さえつけてきました。ただ足元では物価が上昇し、日銀が金融政策を変更するとの思惑が広がっていることもあり、債券の利回りは上昇基調にあります。

図表4-1　国内債券の利回り上昇中

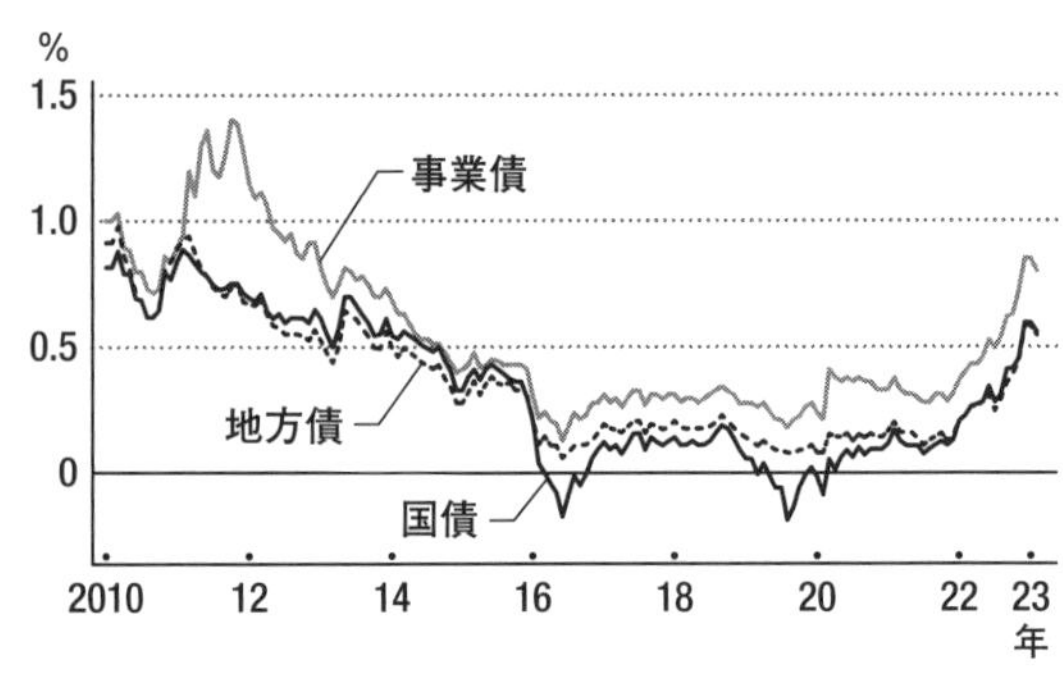

注：野村フィデューシャリー・リサーチ&コンサルティング

債券は発行体によって、国や地方自治体が発行する「公社債」と民間の企業が発行する「事業債（社債）」に大きく分けられます。公社債のうち国が発行する債券を「国債」と呼び、地方公共団体が発行する債券を「地方債」と呼びます。

国は民間企業と比べて破綻する可能性が低いため、国債の利回りは低くなります。社債の利回りが国債より高いのは、「破綻して元本が返ってこない危険性」を加味しているためでもあります。一般的に信用力の低い債券ほど利回りが高くなります。債券に投資する際は、発行体の信用力と利回りを見極めることが重要です。

□ 国債はどのように発行される？

債券の発行市場は政府や企業など発行体が資金を調達するために債券を販売する市場で、債券の発行条件や販売の仕組みなどを決める機能を持っています。流通市場である「セカンダリーマーケット」に対して「プライマリーマーケット」とも呼ばれます。債券はその種類や年限、発行規模によって発行方式が異なるので、発行市場についての知識も必要です。

債券の代表格である国債は公平を期し、透明性を確保するために入札によって発行条件が決まります。年限（発行日から償還日までの期間）によって入札方式や頻度が異なります。参加する大半は証券会社ですが、銀行などの投資家が直接入札に参加することもあります。証券会社は落札した国債を流通市場を通じて投資家に販売します。

国債には満期まで1年以下の国庫短期証券（短期国債）と2年以上の利付国債がありま す。利付国債は、発行期間（償還期間、満期）によって、中期国債、長期国債、超長期国債などがあり、2年から40年まで様々な期間で発行されています。発行市場で新規に発行される債券は新発債と呼ばれ、すでに発行された債券は既発債（オフザラン）と呼んでいます。

債券の発行には公募方式と私募（非公募）方式があります。公募方式では一般の投資家を対象に広く発行されるのに対し、私募方式では特定の投資家のみを対象に発行されます。市場における債券の発行の多くは公募方式が採用されています。

国債の発行のほとんどは入札発行によって発行されています。入札発行とは、発行者があらかじめ発行総額を決めておき、入札によって発行する価格などを決定する方式です。財務省は提示した価格が高い金融機関から順に国債を売却（発行）します。市場参加者は流通市場の取引価格などを参考にしながら入札に参加します。

2004年には日本で「国債市場特別参加者制度」が導入されました。欧米主要国における「プライマリーディーラー制度」を参考にした制度です。資格を取得するには国債入札で一定割合の落札実績が必要になります。国債の安定的な消化の促進と、国債市場の流動性を維持することが目的とされています。

国債市場特別参加者には財務省との対話への参加など一定の恩恵がある一方、入札で一定額以上の応札をする（応募して入札する）などの義務が課されます。日銀の異次元緩和が長引いたことで国債の利回り低迷が続き利益が見込みにくいことから、特別参加者の資格を返上する市場参加者も出ています。

□債券のメインプレーヤーと売買方法

発行された債券を償還まで売買するのが流通市場です。流通市場での売買にもとづいて決まる国債利回りは、銀行の住宅ローンの金利を決定する際に参考にされるなど、私たちの生活にも広く影響を及ぼしています。

債券は、上場株式のように証券取引所で売買されているのではなく、主に投資家と証券会社が相対で取引しています。これは債券の保有者は金融機関などの機関投資家が中心で、売買の参加者が限られているためです。

相対取引のため、投資家が売買したい債券価格は、証券会社によって異なるのが一般的です。特に流動性の乏しい一部の社債や地方債などでは、証券会社によって売買の価格に大きな開きがあります。投資家は複数の証券会社のなかから、最も有利な値段を提示したところを選んで注文を出します。

証券会社は投資家との売買を円滑にするため、常にある程度は債券の在庫を抱えています。しかし証券会社にとっては在庫が多いほど、多くの資金が必要になるうえ、価格の変動で損失が出るリスクも高まります。

このため、証券会社がすぐに必要とする債券を仕入れたり、必要以上に抱えてしまったりした在庫を売るといった、証券会社同士の債券売買を仲介するための業者間市場も存在します。「業者間の仲介業務をする業者」という意味でブローカーズ・ブローカー（Broker's Broker：ＢＢ）と呼ばれる専門証券会社がこの業者間市場を運営しています。

代表例は１９７３年に各証券会社が出資し設立した日本相互証券です。同社では国債のほか地方債、普通社債など様々な債券を扱っており、流通市場の重要なインフラになっています。

□ 債券売買の仕組み

　ここでは債券売買の仕組みを紹介します。債券市場の参加者は証券会社や銀行、生命保険会社など運用のプロが中心です。その仕組みも個人投資家が気軽に取引できる株式とは大きく異なります。

　債券には様々な種類がありますが、長期金利の代表的指標である新発10年物国債を例にしましょう。国債はすでにペーパーレス化されており、売買はすべてデータ上のやり取りになります。

　債券は相対取引のため、理論的には相手がいれば24時間いつでも取引が可能です。実際には証券会社間の取引を仲介する日本相互証券の取引時間、午前8時40分から午後6時5分が最も活発に取引される時間帯です。一般的な「債券市場」とは日本相互証券の取引を指すことが多いです。

　新発10年物国債は毎月発行され、区別するために回号がふられています。２０２３年1月から発行されているのは第369回債です。国債は償還を迎えるまで売買が可能です。

通常は利回りで売買を判断します。利回りは債券投資による年間当たりの収益を指します。満期まで持つことで得られる利払いや償還額を、購入額と比べて算出します。

債券は銘柄によって表面利率や満期までの期間が異なります。同じ価格でも利回り水準が大きく違うことも多々あり、異なる債券を比べるときには利回りを見ます。投資家は証券会社に「10年債、第369回、0・200%で100億円買い」というように注文します。

価格で取引する場合もあります。代表例は長期国債先物です。先物は主に国債価格の下落に備える「ヘッジ」目的で利用されます。あらかじめ決められた価格で国債先物を売却する取引を結び、実際に価格が下がったタイミングで買い戻し、実際の相場との差益を得る手法です。

長期国債先物は日経平均先物と同様に大阪取引所に上場しており、1銭単位で価格が変動します。取引所で絶え間なく売買されるため、先物価格は市場参加者の相場観にもとづく価格として非常に重要視されています。

□債券価格と利回りは逆に動く

債券も普通の借金と同様、「借り手＝発行者」は「貸し手＝投資家」に利子を支払います。国債を例にとると、額面１００円に「表面利率」をかけた利子が支払われます。利払いは半年ごとに1回、年2回に分けて行われます。国の財政が破綻しない限り、償還時（借金の返済期限）には額面が払い戻されます。

債券は株式と同じように、発行後も売買されています。市中金利の動向によって価格は額面を上回ったり、下回ったりします。額面を下回る債券を購入して償還まで保有すると購入価格と額面の差額が儲けになります。これを償還益といいます。一方で額面より高く投資した場合は、償還損が出ます。

債券投資の収益は毎年の利子と、償還時に得られる購入価格と償還価格の差額（償還差損益）の合計額となります。繰り返しになりますが、投資金額に対して、どれだけの儲けがあるかを計算したものが「利回り」です。

表面利率は通常、発行から償還まで変わりませんが、利回りは市中の金利に連動して日々

図表4-2　価格と利回りの関係性

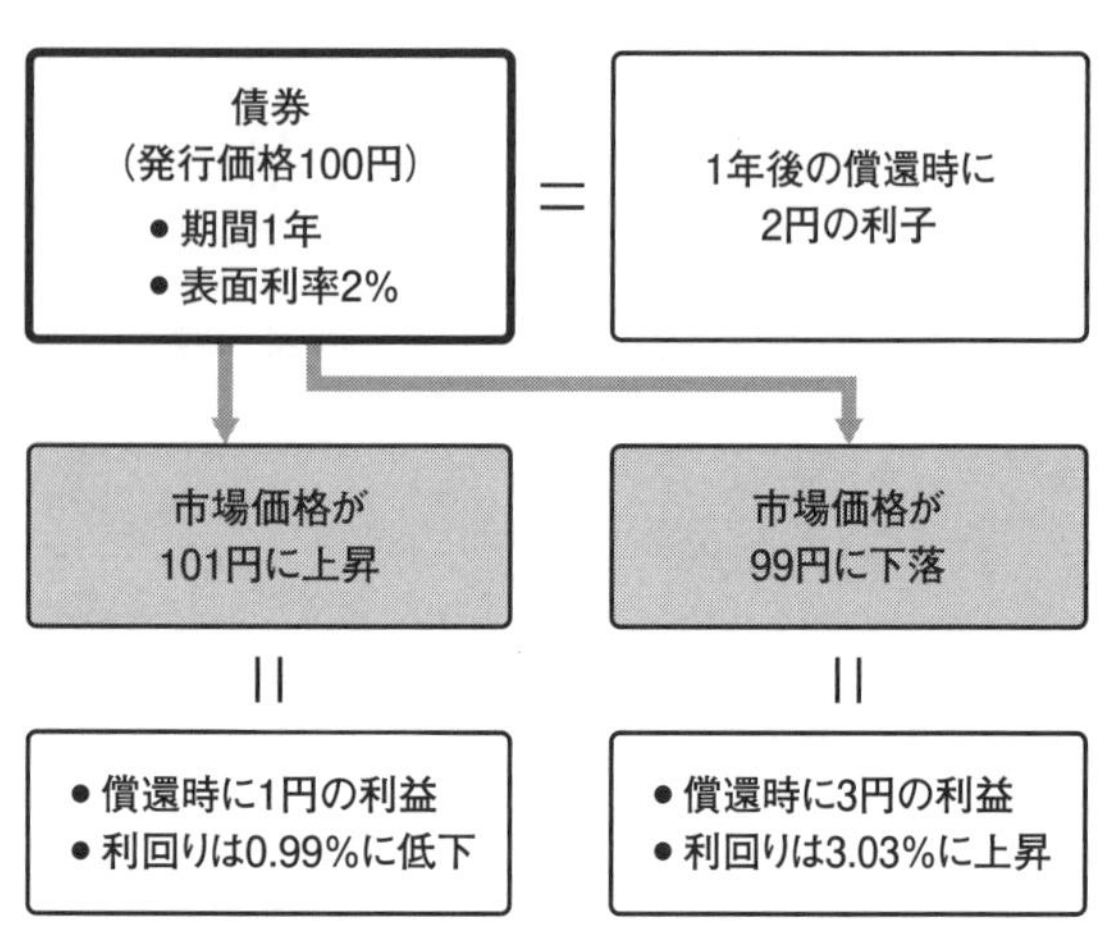

変化します。債券価格が額面を割り込んで値下がりすれば、最終的に得られる償還益が増えるため利回りは高くなります。逆に値上がりした場合は利回りが下がります。利回りと債券の価格は逆に動く点に注意してください。

例えば発行価格100円、表面利率2%、償還まで1年の債券は1年間で額面と利息の計102円が戻ってきます。101円で買えば、投資収益は1円で金利は0・99%、99円なら収益は3円で金利は3・03%となります。

好況で資金需要が増えれば、お金の借り

手が増えて「お金の値段」である金利が上がります。物価上昇で金融引き締めの可能性が高まると、やはり金利は上がりやすくなります。金利が上がって購入時より債券価格が下がれば、償還前に売却した際には損が出てしまいます。

国債は円で発行される債券で最も償還の確実性が高いため、利回りは様々な金融商品の金利や収益を決めたり、比べたりする際の基準になります。特に10年物国債の利回りは長期金利の代表的な指標と位置づけられています。

金利の変動以上に債券投資で注意すべき最大のリスクは、借り手が財政破綻して貸した元本が返ってこない債務不履行（デフォルト）です。先進国の国債ではそうした心配は小さいですが発行者の信用力を見極めることは非常に重要です。

2 債券の種類には何がある？

▢ 政府が元利払いする「国債」

国債は国が発行する債券、借金の証文です。国が返済に責任を持つため、特に自国通貨建てでは安全性が高いとされています。外貨建ての場合は外貨準備が枯渇（こかつ）した場合などに債務不履行になった事例があります。

国債は利払い方式によって利付国債と割引国債に分類されます。割引国債は額面を下回る価格で発行されます。利払いはなく、満期時に額面金額で償還されるのが特徴です。現在発行されているのは国庫短期証券と呼ばれる短期国債で、2カ月、3カ月、6カ月、1年の4種類があります。

利付国債は半年ごとに利子が支払われ、満期時に元金が償還される国債で、固定利付型と変動利付型があります。固定利付国債は利子額が一定で、現在の日本では2年、5年、10

図表4-3　個人向け国債の発行残高

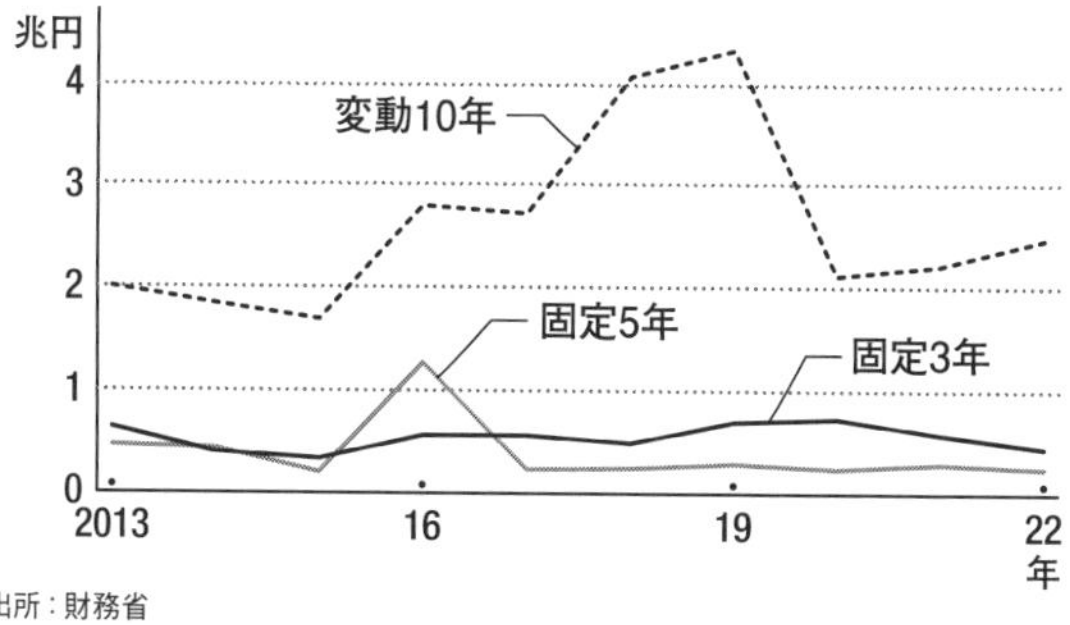

出所：財務省

年、20年、30年、40年の期間のものがあります。変動利付国債は利子額が変動します。満期が10年間の変動型個人向け国債や、物価上昇率に応じて元本が変動する物価連動国債などがあります。

個人向け国債は個人が国債を保有しやすくするために導入された商品です。個人でも買いやすいように工夫されており、1万円単位で投資することができます。国の買い取り制度があるため中途換金が可能で、購入金額に上限もありません。

個人向け国債には3種類あります。期間3年と5年の固定金利型、期間10年の変動金利型です。個人が安心して購入できるよう、最低でも年率0・05％の金利が保証されています。変動金利型は半年ごとに金利が見直され、将来、金利が上昇した場合にも不利になりにくいという利点があります。

個人に加えて法人やマンションの管理組合などでも購入できる「新窓販国債（しんまどはんこくさい）」もあります。こちらは5万円単位で投資できます。ただし個人向け国債のように国が買い取る制度がないため、中途換金の場合は売却損が出る可能性もあります。

国債を買うには金融機関で債券投資用口座を開設する必要があります。証券会社などは手数料はかかりませんが、金融機関によっては口座の管理手数料がかかる場合があります。

国債投資で注意が必要なのは、中途換金時のリスクです。国債は株式などと異なり、証券取引所で個人が自由に売買できません。途中換金する場合には証券会社などに買い取ってもらうことになります。その際、満期まで保有する場合より受け取る金額が少なくなる恐れもあります。また、固定利付国債の場合は、インフレ時も受け取る利息が変わらないため、物価変動を加味した実質ベースで損をするリスクもあります。

□ 格付けで信用力を判断する「社債」

国内外の企業が発行する債券を社債といいます。国に比べ、発行体が借りたお金を返せなくなるリスクが高いとみなされ、その分国債よりも高い利回りが期待できるのが特徴です。近年では小口で購入できる個人投資家向けの社債も増えています。発行した企業が破綻すると元本が全額戻らない可能性が高く、リスクを見極めて投資する必要があります。

社債は株式と違い、企業は投資家に対してお金を返済する義務があります。お金を借りている間は利息を払い、決められた期間（満期）を迎えたら元本を返します。社債の大半は機関投資家向けに販売されますが、個人が証券会社で10万円や100万円といった単位で購入できる「個人投資家向け社債」もあります。

特に近年は個人向けの発行が増えています。2022年度の発行額は23年2月下旬時点で2兆円を超え、過去最高水準に迫っています。

日本ハムは22年10月、個人向けに総額200億円の5年債を発行しました。利率は年率

図表 4-4　個人向け社債の発行額推移

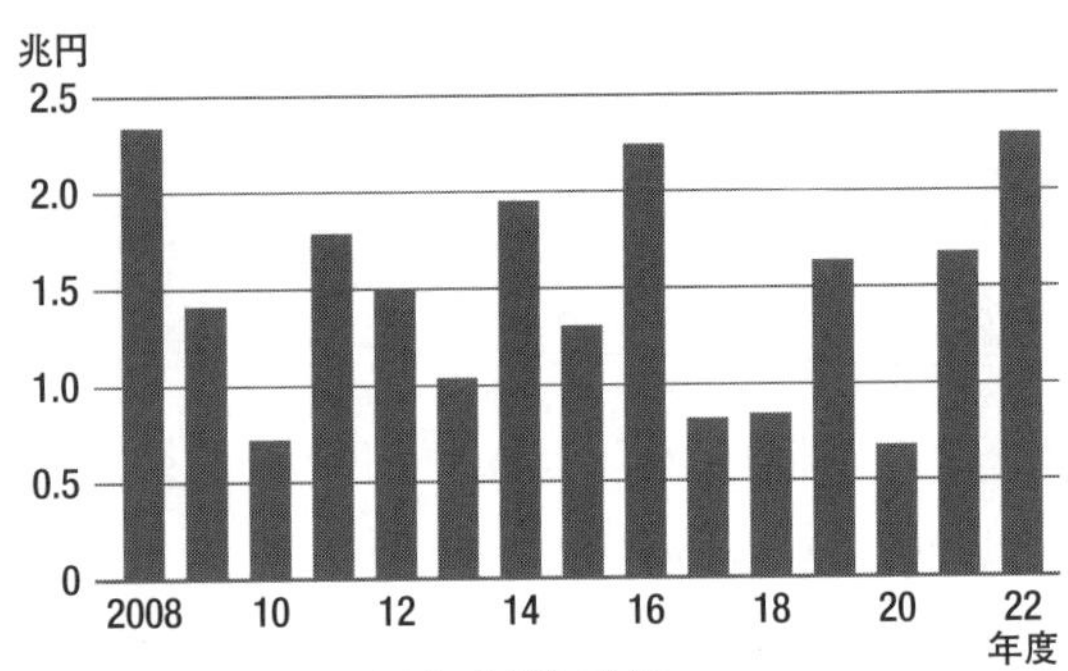

注：起債日ベースで 23 年 2 月末時点。海外発行体含む
出所：QUICK

0・37%です。調達した資金は、北海道北広島市の新球場「エスコンフィールド北海道」の建設に関する支出に充てるとしていました。

「北海道日本ハムファイターズボンド」という愛称がつけられたこの社債は、最低投資単位が100万円です。もし100万円投資すれば年3700円の利息を受け取ることができ、5年後に元本の100万円が戻ってきます。大手銀行の定期預金の利率は3年の場合0・002%なので、銀行に預けるよりも大きな利息収入が期待できます。

海外企業が円建てで発行する社債を「サムライ債」と呼びます。自動車大手の仏ルノーは22年12

月、個人投資家向けの円建て社債を同社として初めて発行しました。

社債を発行した企業が経営破綻すれば、投資家に元本が返済されない場合があります。信用リスクを判断するための一つの材料は、格付け会社が公表している格付けです。最上級の「トリプルA」から「トリプルBマイナス」までが投資適格とされます。

「ダブルB」以下は一般的にデフォルトの可能性があり、投機性が高いとされています。格付けが低いほど信用力が劣りデフォルトの可能性が高まる分、利率は高くなります。

社債を発行した当初は格付けが高くても、業績の悪化などで格付けが変わることもあります。格下げされると、買い手が減る場合もあります。信用リスクを回避するために償還日より前に売却することもできますが、相場によっては不利な条件で売らざるを得ない懸念もあります。

償還日までに社債が市場でどれくらいの価格で売買されているかを知るには、日本証券業協会のホームページが参考になります。個別の社債の買い時を考えるには、その企業の業績や株価などを分析するのも有効です。

□本当に安全？　海外政府・企業が発行する「外債」

国内で超低金利が続いていることもあり、金利水準の高い海外へ目を向ける投資家は多いようです。海外の政府や企業が発行する債券の直接購入や、投資信託を通じて外債に投資する投資家が一定数います。ただし、外債投資には国内債とは違った手順やリスクへの目配りが必要です。

外債は証券会社や一部の銀行で取り扱っています。大きく新発債と既発債に分けられ、前者は政府や企業が新たに発行する債券を発行時に購入するものでした。募集期間が限定されており、証券会社のホームページや広告で情報を得ることができます。営業担当者に情報提供を頼んでおくのも手でしょう。

先述の通り既発債投資は、すでに発行された債券を流通市場で取引されている価格で購入する手法です。取引の価格は証券会社のホームページで見られます。取引状況によって価格や利率が日々変動するので、購入時には証券会社に最終確認するとよいでしょう。

図表 4-5　外国債と国内債の利回り

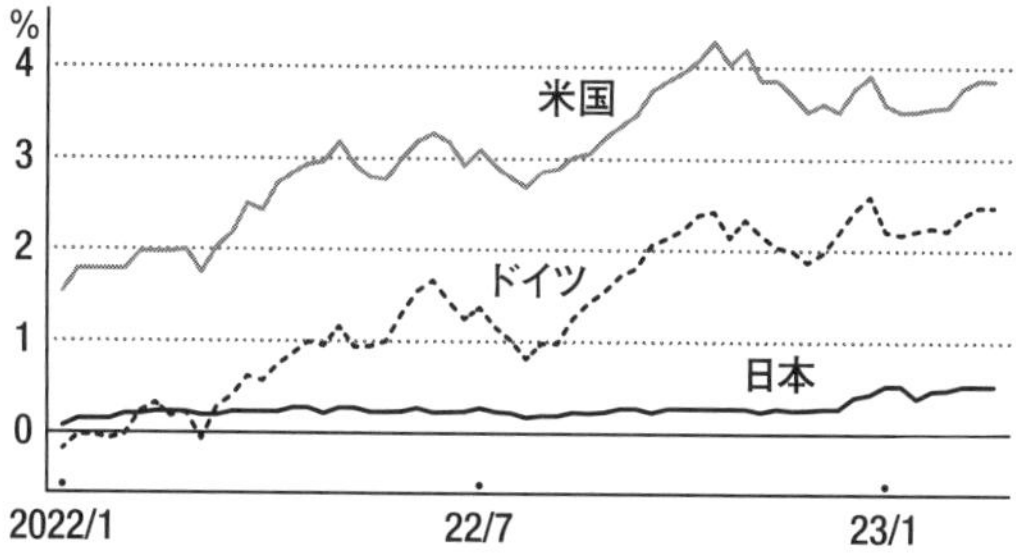

出所：QUICK

国内債券投資と同様、外債投資でも発行体の信用リスクが重要なのはいうまでもありません。それ以上に注意が必要なのは「為替変動リスク」です。

例えば、米国の10年物国債の利回りは３％台とゼロ％台の日本に比べて高水準です（２０２３年6月時点)。ただ、売却・償還時の為替レートが購入時より円高・ドル安に振れていれば、為替差損で損失を被る恐れがあります。なお、償還時に円高が進んでいて円への転換を控えたい場合は、口座にひとまず外貨のまま資金をプールしておくこともできます。外債の売買には為替手数料がかかる点にも留意してください。

また、外債投資では比較的まとまった資金が必要なケースが多いようです。例えば野村証券では、米国債の投資金額は１０００ドル単位となっています。小口資金を外債投資に充てたい場合は投資信託を利用する方法もあります。

□自治体が発行する「地方債」

地方債とは、都道府県や市などの自治体が資金調達するために発行する債券のことです。自治体の主な歳入には地方税や地方交付税、国庫支出金などがあり、地方債はこれらに並んで重要な財源です。

地方債には幅広い投資家に買ってもらう市場公募債と、特定の金融機関を対象に割り当てる銀行等引受（縁故）債があります。総務省によると、2021年時点では東京都や北海道、京都市、北九州市など59の自治体が市場公募債を活用しています。各自治体が個別に地方債を出すほか、複数の自治体が集まって発行することもあります。共同発行市場公募地方債という名で、03年4月から毎月発行されています。21年時点では37の自治体が共同で発行しており、各自治体は発行額全額について連帯債務を負います。

自治体は地域ごとに産業構造や人口動態、税収額が異なり、当然、財政状態や信用力も同

図表4-6　共同発行地方債の利率

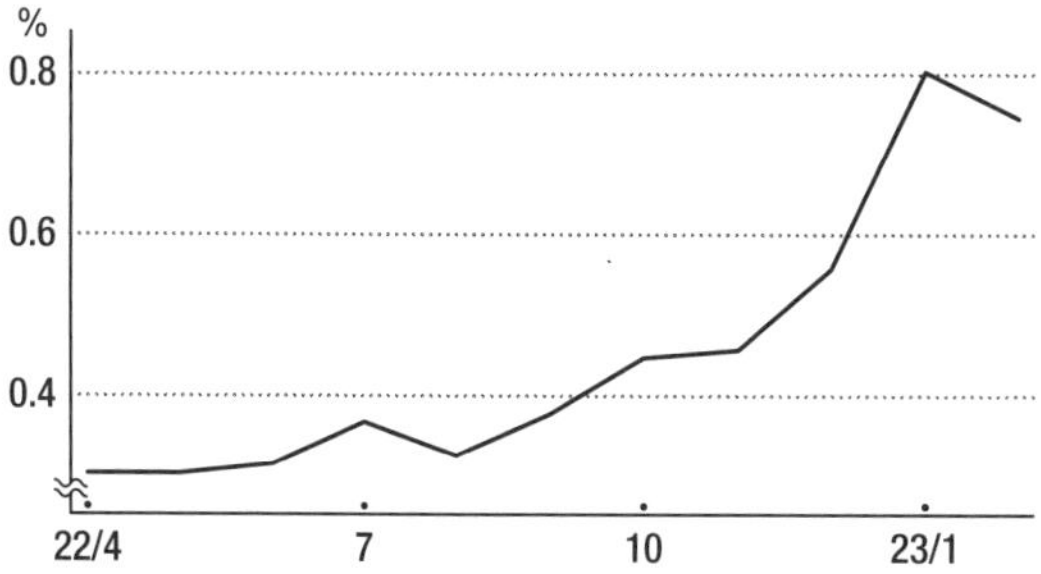

出所：地方債協会

じではありません。ただ、地方債の発行市場では長らく「同じ月内に発行される同じ年限の地方債はすべて同じ条件」という慣例が続いています。例えば23年1月6日に条件を決めた京都市の10年債の利率は国債利回りに0・3%を上乗せした0・8%で、その後同月12日に条件決定した岡山市などの10年債も同じ利率でした。

共同発行地方債も同様です。厳密には信用力が異なる自治体間で発行条件が同じなのはなぜでしょうか。SMBC日興証券の岩谷賢伸シニアクレジットアナリストは「リーマン・ショックを経て各自治体が財政健全化を進めたほか、もしもの際には国からの財政支援も期待できるため、それぞれの自治体の財政状況の違いがあまり注目されていない」と解説しています。

この「同じ月内なら同じ条件」という慣例に、近年変化の兆しが出てきました。背景にあるのが、国債市場の不安定さです。利回りを決める際の基準となる長期金利が日銀の金融政策で抑えられ、指標性への不信感が拡大しています。従来の利率水準では資金を集めにくく、金利の上乗せを迫られています。22年11月18日に起債した横浜市の10年債利率は0・499%で、先に条件を決めていた他の自治体の10年債よりも0・05%高くなりました。

グリーンボンド（環境債）などESG（環境・社会・企業統治）債の広がりも、慣例の変化に影響しています。ESG債への投資は環境貢献につながるため投資家からの人気が高く、その一方で、発行量はまだ限定的です。結果的に需要が供給を大きく上回り、ESG債ではない普通の債券に比べ利回りが低く抑えられる（価格は割高になる）「プレミアム」がつく場合があります。

22年10月に三重県が出した10年物の環境債は利率が0・439%と、同じタイミングで出た福岡県や千葉県の10年債よりも0・01%低く決まりました。ESG債の広がりとともに、地方債の発行条件もさらに柔軟になっていく可能性があります。

□リスクも高く注意すべき「低格付け債」

国や企業などが債券を発行する際に、格付け会社はその信用力をわかりやすく説明する「格付け」を公表しています。格付け会社の一つ、格付投資情報センター（R&I）は原則として、格付けを最上級のトリプルAから最下級のCまで主に9段階に分けています。

格付けは発行体の利払いや元本償還の確実性を示したものです。一般的にトリプルB格以上の格付けの債券を「投資適格債」、ダブルB格以下を「低格付け債」または「ハイイールド債」、「ジャンク債」などと呼びます。

格付けが低ければ投資家に敬遠されるため、企業は金利を上乗せして投資家を引きつける必要があります。したがって低格付け債は元利金の支払いが滞るデフォルトのリスクが大きい半面、受け取る利息収入も大きい債券といえます。

社債市場では信用力の高い国債と比べた、上乗せ金利（スプレッド）の大小が投資の判断基準として使われます。スプレッドが大きければ信用力の低い債券で、小さければ信用力の

図表4-7　債券の格付け

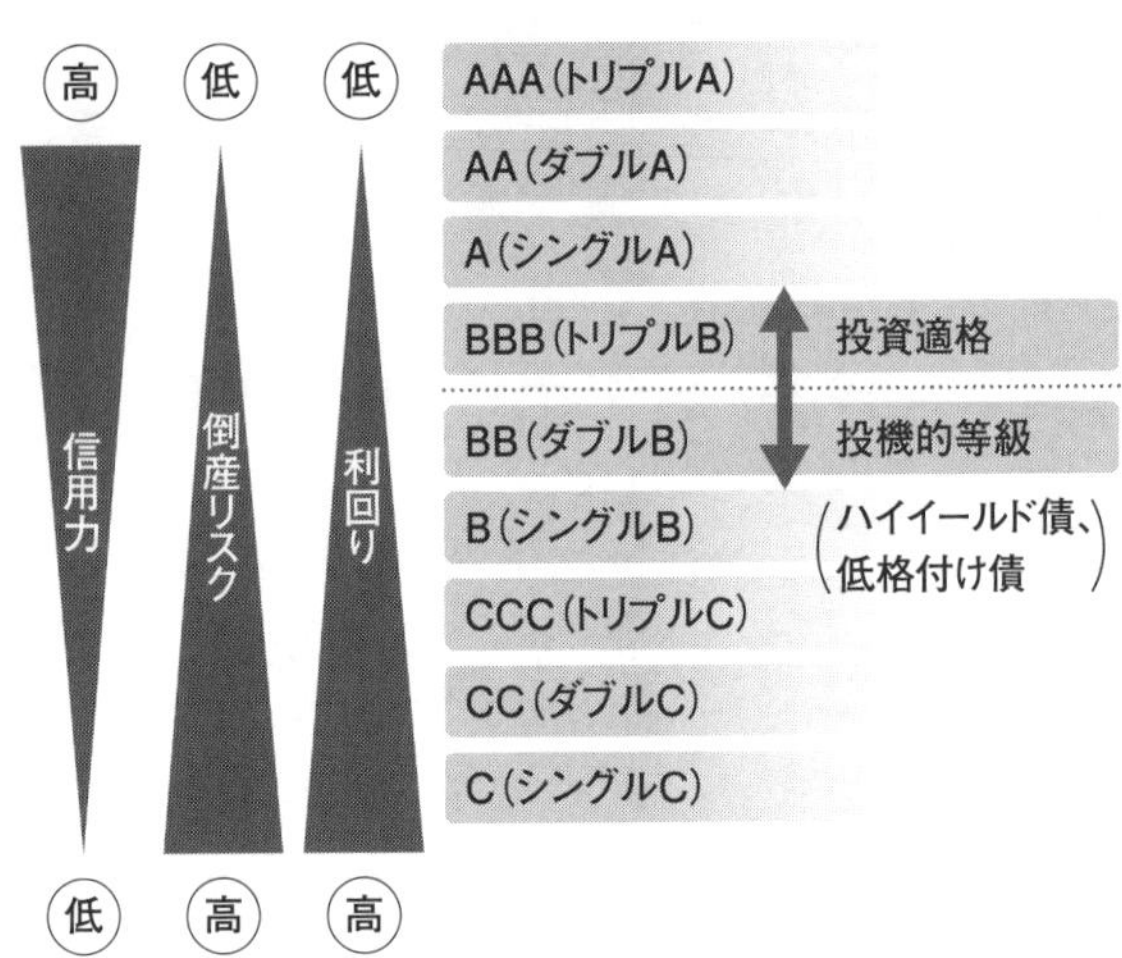

高い債券といえます。

最も信用力の高いトリプルA格の債券（残存期間5年）では、近年のスプレッドは平均0・25％で推移しています。一方でトリプルB格では、スプレッドは平均約1・32％で取引されています。トリプルB格はデフォルトリスクがトリプルA格と比べて高いため、それに見合った高い利回りがついているわけです。

R&Iがまとめた日本企業の格付け別のデフォルト率（1978〜2021年度）によると、5年間の平均累積デフォルト率はトリプルA格でゼロ％、ダブルA格は0・05％なのに対し、A格は0・

42%、トリプルB格が1%となっています。ただ10年度以降はトリプルB格以上のデフォルトは発生していません。

トリプルB格の債券に投資する場合は、購入後も発行体の信用力に注意する必要があります。償還の前に企業の信用力が低下し、格付けがダブルB格などに下がってしまう可能性もあるからです。ダブルB格まで下がるとデフォルトのリスクが高まるだけでなく、買い手が少なくなり、売りたいときに売れなくなる可能性もあります。

投資適格債から低格付け債に格下げされた社債は「フォールン・エンジェル（堕天使）」、反対に低格付け債から投資適格債に格上げされた社債は「ライジングスター（希望の星）」と呼ばれます。

3 債券投資の格付けとリスク

企業の信用力を測る指標

格付けとは国や企業などが発行する債券などの元利金がきちんと支払われるかどうかの確実性をランク付けし、簡単な記号で示したものでした。プロである格付け会社が様々な情報にもとづき個々の企業の返済能力や信用力を評価している格付けの基本について、さらに説明します。

債券を購入する際、利回りが魅力的かどうかは数字を見ればすぐにわかります。しかし、企業などの元利払いの確実性を判断するのは難しい作業です。一般の個人が企業の財務内容や収益力、業績動向、社債の発行契約の内容まで細かくチェックするのは無理でしょう。

債券投資の安全性を見極めるのに、格付けは大きな助けになります。R&Iでは最も安全

図表4-8　R＆Iの長期個別債務格付けの定義

AAA	信用力は最も高く、多くの優れた要素がある。
AA	信用力は極めて高く、優れた要素がある。
A	信用力は高く、部分的に優れた要素がある。
BBB	信用力は十分であるが、将来環境が大きく変化する場合、注意すべき要素がある。
BB	信用力は当面問題ないが、将来環境が変化する場合、十分注意すべき要素がある。
B	信用力に問題があり、絶えず注意すべき要素がある。
CCC	債務不履行に陥っているか、またはその懸念が強い。債務不履行に陥った債権は回収が十分には見込めない可能性がある。
CC	債務不履行に陥っているか、またはその懸念が極めて強い。債務不履行に陥った債権は回収がある程度しか見込めない。
C	債務不履行に陥っており、債権の回収もほとんど見込めない。

出所：R&I

性の高い「AAA（トリプルA）」を筆頭に「C（シングルC）」まで9段階で表しています。それぞれの格付けにプラスやマイナスをつけ、きめ細かく評価しています。

アルファベットなどで債券の信用力を評価するのでわかりやすく、多くの債券の信用力が比較可能になります。超低金利のなかで少しでも有利な商品を求めようと、利回りの高さばかりに着目すると、リスクの高い債券に投資することになりかねません。

格付けは発行体の信用力、つまり債務不履行となる可能性だけではなく、債務不履行になったときの回収率も反映していることが特徴です。もし経営が破綻して元利金が支払われない場合、担保の設定状況や返済の優先順位によって回収できる金額に格差が発生するためです。

債券が償還されるまでに格付け、すなわち元利払いの確実性が変わる可能性があることも注意点です。米格付け会社S&Pグローバル・レーティングが2022年に格付けを下げた企業（金融除く）は501社と21年に比べ2割増えました。格上げ企業は505社ありましたが、21年から2割強減っています。

□格付けが高いと利回りが低くなるのはなぜ？

格付けは、企業の発行する社債などの利払いや償還の確実性を示す尺度です。格付けが低くなるにつれて償還できなくなるリスクが高まり、倒産すれば社債投資家は損失を被ること

図表4-9　S&Pの平均累積デフォルト率(%)

格付け	1年後	3年後	5年後	10年後
AAA	0.00	0.13	0.34	0.69
AA	0.02	0.11	0.30	0.68
A	0.05	0.21	0.44	1.15
BBB	0.15	0.72	1.48	3.10
BB	0.60	3.35	6.19	11.24
B	3.18	11.26	16.67	23.50

注：1981〜2021年
出所：S&Pグローバル・レーティング

になります。このような状況をデフォルトと呼びます。

格付け会社ではデフォルトについて、（1）会社更生法や民事再生法など倒産法の適用申請といった法的な破綻、（2）社債の利払い停止など債務不履行、（3）債権放棄や債務株式化など債権者の不利益となるような債務の条件変更——などと定義しています。企業がデフォルトに陥る確率をデフォルト率といいます。

格付けの違いでデフォルト率はどの程度変わるのでしょうか。S&Pグローバル・レーティングの場合、5年前に最上位のトリプルA格だった企業がその後の5年間でデフォルトに陥った確率はわずか

0・34％、投資適格の最低ラインであるトリプルB格の企業で1・48％でした。

これに対し「投機的水準」とされるダブルB格のデフォルト率は6％超、シングルB格では16％台と大幅に高くなります（データはいずれも2021年時点、世界の事業会社を対象）。

格付けはその企業の財務状況だけでなく、事業リスクも勘案して決まります。そのため電力会社のように収益が安定しており事業リスクの小さい業種は、相対的に格付けが高くなります。格付けが高いほど安全とみなされるので、高格付け企業の社債ほど利回りは低くなります。

□投資基準は国債との利回り格差

一般的に信用リスクが大きいとみられる社債は利回りが高くなります。高い利回りでないと投資家が買わないからです。一方、信用リスクが低い社債は、利息が少なくても投資家が購入するため、利回りは低くなります。投資家が信用リスクを判断する際には格付けを参考

図表4-10
A格とAA格の社債の国債に対する上乗せ金利

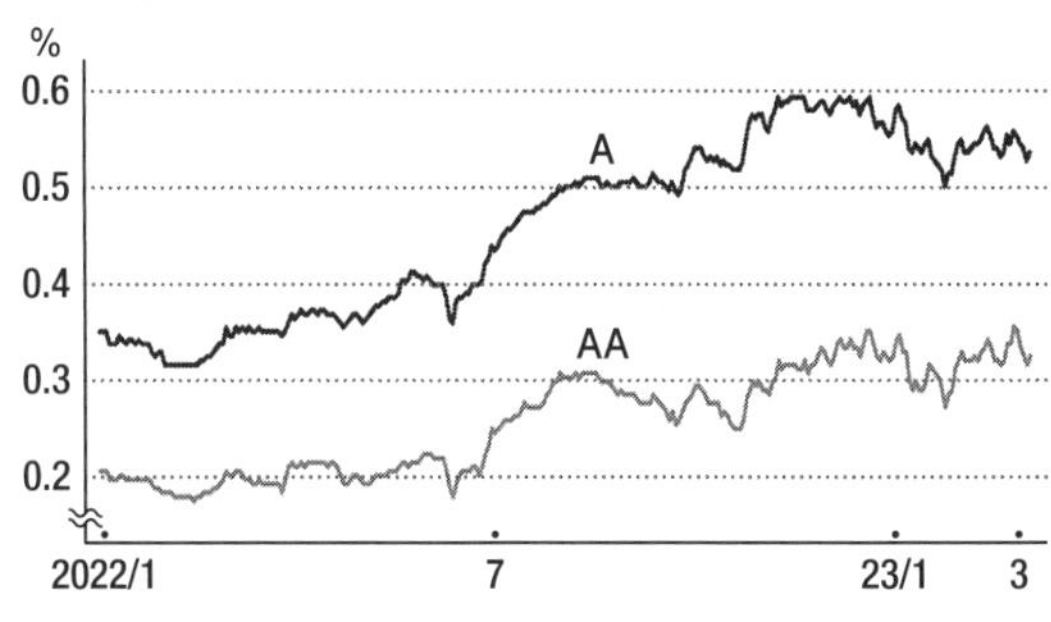

注：R&IでA、AA格社債

にしますが、これに投資家が独自の判断基準を加味して投資します。

流通市場での債券の利回りは、残存期間が同程度の国債の利回りと比較すると理解しやすいでしょう。デフォルトの可能性が小さい先進国国債は信用リスクがゼロに近いと考えられており、スプレッド（国債との利回りの格差）が投資基準として使われます。このスプレッドの開きを信用リスクということができます。

では、足元で社債と国債のスプレッドはどうなっているでしょうか。QUICKによると、R&Iで格付けが「シングルA」の10年物社債のスプレッドは2023年春の時点で平均0・

5％強です。格付けが1段階上の「ダブルA」は0・3％程度です。22年はじめから拡大が続き、23年に入り一旦は落ち着きましたがなお高止まりしています。

原因は日銀の金融政策を巡る不透明感にあります。利回りを決める際の基準となる10年物国債の利回りが日銀の金融政策で抑えられ、指標性への不信感が投資家に広がっています。「10年金利が恣意的に0・5％以下に抑えられるなか、一部の投資家はこの水準が正しいのか疑問を抱いている」（海外証券）との指摘もあります。これまでの利率では資金を集めにくくなっており、発行体はスプレッドの上乗せを迫られているようです。

特定銘柄のスプレッドの動きに注目して売買する投資家もいます。スプレッドが広がったときにリスクをとって購入し、後に縮小したときに売却すれば利益を得ることができます。また、専ら低格付けの高利回り債券を狙う投資家もいます。高利回り債は高リスクの裏返しであるため、許容できる範囲内で投資することが必要なのはいうまでもありません。

□国や企業の信用リスクに備えた保険「CDS」

クレジット・デフォルト・スワップ（CDS）は債務者である企業の倒産や国の破綻に備えた保険のようなものです。一定の保険料を支払うかわりに、交通事故が起こった場合に補償してもらう自動車保険などと同様の仕組みです。

具体的には、銀行などは保有する企業の債券や、国が発行した国債でデフォルトが起きた場合に備えて一定の保証料（プレミアム）を投資家に支払います。

CDSは金融機関と投資家との相対取引が一般的です。保険の約款（やっかん）と同じように、「どの企業」の「どの債券」に「どういった信用事由」が発生した場合に保証するなど、事前に契約を結びます。そして、CDS市場ではプレミアムを売買します。プレミアムは企業の信用リスクの状況によって変動します。投資家にとってプレミアムが高くなるほど投資妙味は増しますが、その分、企業のデフォルトリスクが高まっていることを意味します。

CDS市場では国内外の銀行や保険会社、証券会社など金融機関が主に取引をしています。近年ではヘッジファンドなども参入しています。

図表 4-11　楽天グループの CDS

注：5 年物の保証料率
出所：QUICK

参考に、楽天グループのCDSを見てみましょう。5年物の保証料率は2022年初は1％程度でした。その後、矢継ぎ早の負債調達や格付け会社による格下げを受けて大幅に上昇しました。23年3月時点では5％ほどまで上がっています。同社の破綻を見込んだ動きというより、楽天グループの社債の買い手や貸し出しをしている金融機関がリスクを抑えるためにCDSを活用し、結果として保証料率が上がっている面が大きいようです。

□「デフォルト」が起こったら

デフォルトとは一般に債券の利払いが滞ったり、元本の償還が困難になったりすることを指します。

債務不履行になる要件は画一的に決まっているわけではなく、個々の債券の契約ごとに定められています。

債務不履行には2つのケースがあります。業績の急速な悪化や経営破綻など社債の発行時に決められた一定の条件に該当した場合に自動的に債務不履行となるケースと、債権者から債務不履行を請求できるケースです。

個々の債券によって債務不履行に該当する条件は異なります。債券購入時に契約書を読んで、どのような条件が債務不履行に該当するのか、債権者から債務不履行を請求できるのかなどを確認しておいた方がよいでしょう。

デフォルトした社債は全くの無価値になるわけではありません。経営破綻した会社の再建計画次第では、ある程度の元本返済が期待できます。1996年に経営破綻し解散した日本住宅金融の転換社債の場合、国債が担保になっていたため回収率は100%となりました。一方で無担保社債の場合は低い回収率となることが多いです。

社債がデフォルトしたときは社債管理会社（通常は銀行が務める）が重要な役割を果たし

図表4-12 これまでデフォルトした主な国内社債

年月	発行体	金額	弁済率
1998年12月	日本国土開発	500億円	6%、10%
2001年9月	マイカル	3500億円（うち900億円が個人向け）	個人向け30%、機関投資家10%
2010年1月	日本航空	470億円	12.5%
2010年9月	武富士	300億円	3.3%
2012年2月	エルピーダメモリ	450億円	17.4%

ます。債権者の利益を守るために行動するよう法律で定められており、債権者集会を招集し、債権者の主張の代弁者となります。社債管理会社は社債権者集会を招集し、再建計画への是非を問います。決議をもとに、債権者集会で社債権者を代表して再建計画への賛否を明らかにします。債権者集会とは銀行や取引先など破綻した会社の債権者が集まって、最終的に再建計画を実行するかどうかを決める集会のことです。

債権者集会に参加し、議決権を行使するためには社債の供託（きょうたく）が必要です。供託とは社債管理会社に社債を差し出し、債権者の身元や債権額などを確定することです。議決権総数の過半数にあたる社債権者が出席し、その議決権の3分の2以上の賛成によって可決できます。当日都合が悪くて出席できない場合は、書面送付か代理人による議決権行使ができます。

4 金利の考え方

□1年未満の借金金利、短期金利

短期金利とは主に1年未満の借金の金利を指します。10年など長い期間の金利である長期金利と異なり、伝統的に中央銀行が金融政策として操作・誘導する金利として注目されています。短期金利が上昇すると長期金利も上昇し、個人の住宅ローン金利や企業の借入金利にも影響するため、様々な金利の「基点」となっています。

短期金利は主に市場で流通するお金の量や需給の逼迫度合いで上下します。例えば多くの人がお金を必要とするようになると、資金を融通し合う際の短期金利は上昇します。短期金利が上昇しすぎたと中央銀行が判断すれば、中銀はお金を市場に供給して金利上昇を抑えます。

世界の市場参加者が最も注目している短期金利は米国のフェデラルファンド（FF）金利です。米国の中銀にあたるFRBはこのFF金利の誘導目標を変更することで金融環境を緩和したり、引き締めたりしています。

日本のFF金利にあたる金利は無担保コール翌日物金利と呼ばれています。短期の資金を貸し合う「コール市場」における調達金利のことを指します。日銀は無担保コール翌日物金利の金融調節を誘導目標にしていました。しかし、日銀は2013年に大規模な金融緩和を始め、世の中に直接的に供給するお金「マネタリーベース」の量に目標を変更しました。

マイナス金利を導入した16年には、民間金融機関が日銀に預ける当座預金の一部の金利をマイナス0・1％に維持するようになりました。これが現在の日銀が操作対象とする短期金利です。マイナス金利は民間の銀行などにとっては当座預金に資金を置いておくと金利を支払う必要が生じるため、国債などへの投資を促して金利を低く抑える効果があります。

銀行間で資金を融通し合う国際的な銀行間金利としてはロンドン銀行間取引金利（ＬＩＢＯＲ）が世界の様々な金利の指標として参照されていました。しかし金融機関による不正な操作が相次いで発覚し、一部を除き21年末で廃止となりました。現在はＬＩＢＯＲにかわる金利指標への移行が進んでいます。

現金を担保に債券を借りる債券レポ市場でのレポレートも短期金融市場では重要視されています。債券レポ市場は取引参加者を金融機関に限ったコール市場などと異なり、金融機関に限定されていません。

このほかにも短期金融市場では、一時的な資金不足を補うために政府が発行する満期が数カ月の短期国債や、企業が1年未満の資金調達をするコマーシャルペーパー（ＣＰ）も取引されています。

□日本では機能しない体温計、長期金利

長期金利は国や企業、家計が1年を超える借金をしたりする際の金利のことです。代表的な指標として、国が償還までの10年間、借金をするときに発行する「10年物国債」の利回りが使われています。

長期金利の水準は理論的にはその国の（1）実質経済成長率、（2）物価上昇率、（3）政府債務への警戒に対する上乗せ分――の3要素で決まるとされ、「経済の体温計」と例えられています。景気が良くなり物価が上昇する局面では、金利も上昇する関係にあります。

ただ日本の長期金利は長年、「体温計」としての機能を果たしていないとの見方が広がっています。日銀が2013年に始めた量的・質的金融緩和で、国債を大量に買い入れて長期金利を意図的に低く（債券価格は高く）抑えたためです。

16年には短期金利をマイナス0・1%、10年物国債の利回りをゼロ%程度に誘導する長短金利操作（イールドカーブ・コントロール）も始めました。伝統的な金融政策では短期金利のみを操作するため、長期の金利に誘導目標を設けるのは異例です。

図表4-13　日本の長期金利の推移

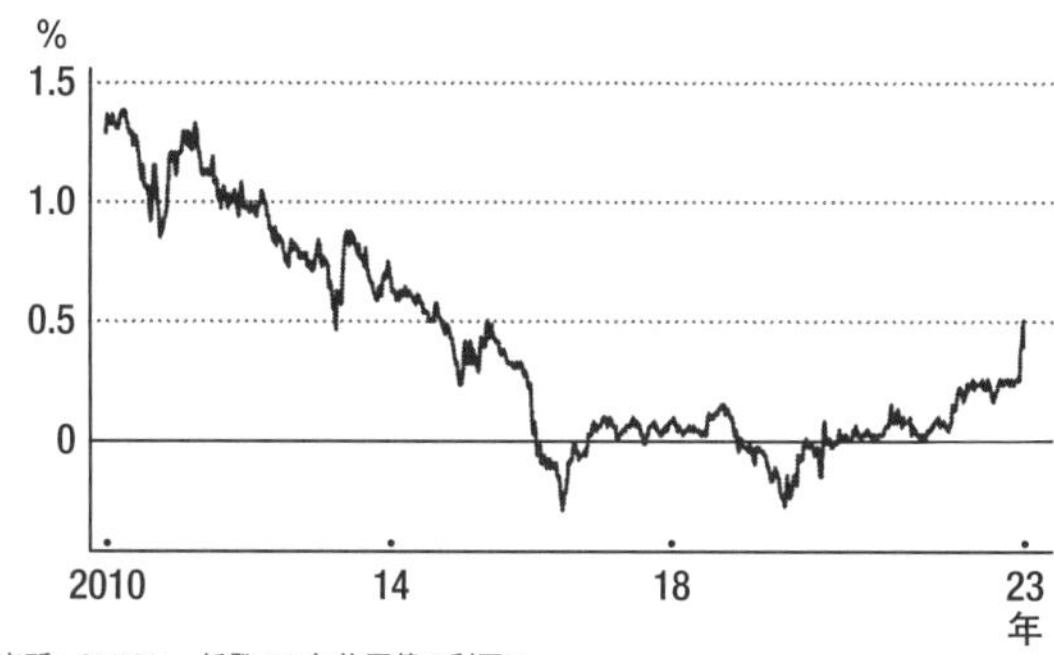

出所：QUICK　新発10年物国債の利回り

日銀が10年物国債の利回りを操作している理由は、民間が設定する幅広い金利に影響を及ぼすためです。銀行などは住宅ローンの固定金利について、10年物国債の利回りなどを参考に決めています。金利が低ければ、ローンの借り手は住宅を買いやすくなり、国内での消費の増加につながります。

企業が返済期間の長いローンや社債で資金調達する際の金利の参考にもなります。低金利で資金を集めることができれば、設備投資が増えて経済が活性化する可能性があります。

このように長期金利を低くすることによる家計・企業への効果は大きいものの、基本的に国債利回りは市場での投資家の売買によって決まるため、短期金利と異なり金融政策による誘導には難しさがあります。

22年以降は日本でも物価が上がりつつあります。10年物国債を保有している人は、物価上昇によって満期に受け取る金額が実質的に目減りしてしまいます。そのため投資家は国債を売っており、長期金利に上昇圧力がかかっています。日銀は22年末に10年物国債の利回りの具体的な許容上限を「0・25％程度」から「0・5％程度」に引き上げました。今後の金融政策の動き次第で、長期金利はさらに上昇する可能性があります。

□各期間の金利をつなぐ利回り曲線

債券は同じ種類の債券でも残存期間によって利回りが異なります。債券の残存期間は時間を経るごとに短くなっていくため、同じ10年物国債でも残存期間は1年未満から10年まで存在することになります。残存5年の債券には発行直後の5年債もあれば、発行から5年経過した10年債もあるわけです。

それぞれの残存期間ごとの金利はどのように決まるのでしょうか。

図表 4-14　日本国債の利回り曲線

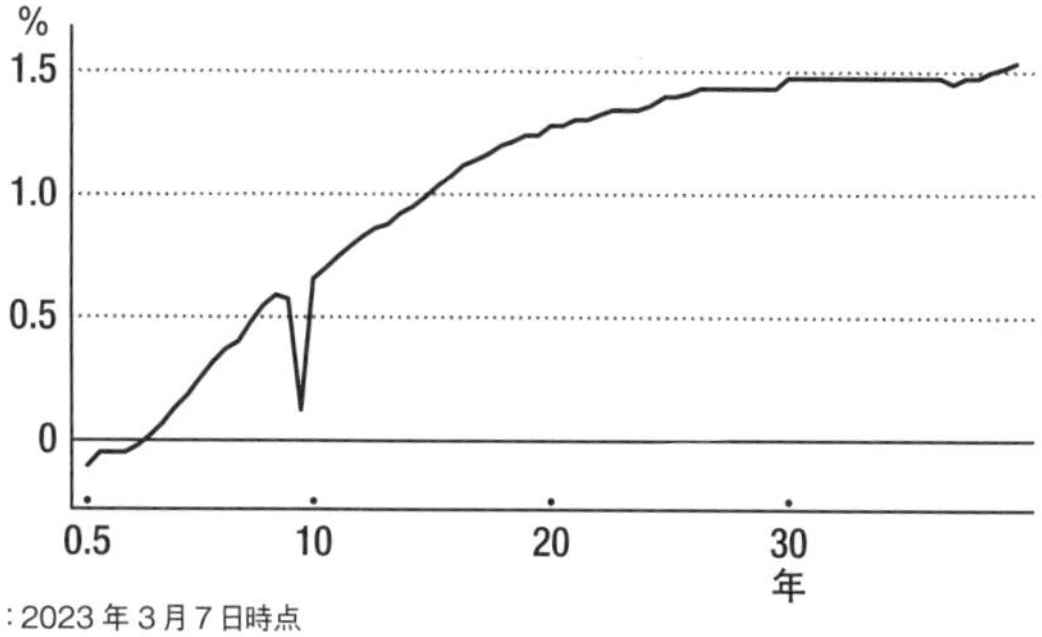

%
1.5
1.0
0.5
0
0.5　10　20　30
年

注：2023 年３月７日時点
出所：日本証券業協会、QUICK

一般的には残存期間が長いほど利回りは高くなります。資産を現金として使えない期間が長く、金利変動リスクを負担するだけ利回りが高くなるという理屈です。

日本では新発２年物国債の利回りがマイナス圏なのに対し、新発10年債は０・５％程度、新発30年債は１％台と年限が長くなるにしたがって次第に利回りが高くなっています。このような各期間に対応した債券の利回りを点でつないで描く曲線を「利回り曲線（イールドカーブ）」と呼びます。

景気や金融政策の変動が見込まれる時期には利回り曲線の変化に注意が必要です。金利は将来に向けた経済の潜在成長率や期待インフレ率も映します。

中央銀行による政策金利の引き上げで短期金利が上昇しやすいときや、先行きの景気減速懸念や好需給で長期金利が低下しやすいときに利回り曲線は平たん（フラット）化します。

短期で調達した資金を長期債で運用すれば長短金利差により収益を得られるため、利回り曲線の傾きが大きければ収益機会を得られやすいといえます。利回り曲線の変動が激しいときには投資手腕が問われます。

長い年限の利回りが短い年限の利回りを下回るケースもあり「逆イールド」と呼びます。例えば米国では2年物国債の方が10年物より利回りが高いなど、逆イールドが顕著です。

金利変動が乏しい環境では、収益機会を求めて利回り曲線上で割高・割安な年限の債券を選んで売買する投資方法が盛んとなります。いずれにしても、利回り曲線がどのような形状に変化するかの予測が重要となるでしょう。

□景気や債券の需給で起こる金利上昇

金利の上昇には「良い金利上昇」「悪い金利上昇」という2つのシナリオがあります。金利の動きを決めるのは、景気の先行きなどのファンダメンタルズだけではありません。国債に対する投資家の需要がどの程度あるかという需給バランスも大きく影響します。そのバランスが変わる理由によって、金利上昇の意味は変わってきます。

「良い金利上昇」とは、投資家が経済成長率の伸びやデフレからの脱却を見込んで、金利が上がるシナリオです。景気が回復に向かうと、企業は新たな投資に向けた資金を調達しようとします。企業の資金需要が高まると銀行は貸し出しを増やすため、「お金の値段」である金利も上昇に向かいます。

景気回復は株価の上昇を促すため、投資家はより高いリターンを求めて株式への投資を増やし、債券の保有比率を下げようとするでしょう。投資家が債券を売ると債券価格は下がります。債券価格と金利は逆方向に動くので、金利は上がります。

一方、「悪い金利上昇」は国の財政悪化を織り込み、金利が上昇するシナリオです。英国で2022年に起きた動きが典型です。同年9月に発足したトラス政権は国民に対し、大規模な減税策を打ち出しました。市場はこれを財政の悪化要因ととらえました。国債の信用リスクが高まるとの懸念から、投資家は英国債売りに走り、金利は急騰（債券価格は下落）しました。トラス政権への打撃は大きく、発足からわずか1カ月半でトラス内閣は退陣に追い込まれました。

日本で悪い金利上昇が起こる心配はないのでしょうか。

日銀が13年に異次元緩和を始め、国債を大量に買っていたことで、長らく低金利環境が続いていました。日銀による国債の保有割合は22年9月末に5割を超え、過去最大となりました。

ただ日本でも徐々に金利が上がりやすい環境になりつつあります。先述の通り日銀は22年末、長期金利の指標となる10年物国債の利回りの許容変動幅をプラスマイナス0・25％程度から同0・5％程度に拡大しました。22年2月に始まったウクライナ危機の影響で資源や穀物の価格が上がり、物価上昇率が目標の2％を超える月も目立ちます。

政府の借金である国債の発行額は増加傾向をたどっています。22年末には、将来の税収で返す必要のある普通国債の発行残高が初めて１０００兆円を超えました。日銀が緩和色を弱める一方で政府の財政赤字が大きいままだと、悪い金利上昇に陥るリスクもあるといえそうです。

第5章

商品の知識を身につけよう

1 国際商品には何が当てはまる？

□市場で大量に取引される商品とは

国際商品（コモディティー）とは、品質が規格化・標準化され、取引所などの国際市場で大量に取引する商品です。一般にはエネルギー、金属、穀物などを指し、野菜のように自国消費中心で貯蔵性が低い生鮮品は含みません。伝統的には有形の商品が対象でしたが、近年は電力や温暖化ガスの排出枠も含めることがあります。

国際市場では商品の現物だけでなく、将来の売買を約束する先物も取引します。原油や金などの先物取引の価格から算出する国際商品指数の「リフィニティブ・コアコモディティーＣＲＢ指数」は、世界の物価や景気動向を映す指標としても使われています。

商品市場には生産者や需要家、商社のトレーダーなど、実際に商品を扱う人だけでなく、機関投資家やヘッジファンドなども参加します。個人投資家もＥＴＦ（上場投資信託）などを通じて売買に参加する例が増えています。

国際商品の価格を決める主な要素は、モノとしての需要と供給のバランスですが、為替・金利などの動きにも影響を受けます。為替は米ドルの動きが最も重視されます。ドル建てで取引する商品が、世界的な指標となっているためです。

一般に、ドル高になるとドル建て商品は円など他の通貨建ての商品に比べて割高になります。割高感が強まると、高値を嫌った投資家の売りを誘うとされます。ドルの動きを左右する米国の金融政策も、国際商品の価格変動要因です。

日本国内で売買される円建ての商品も、価格変動の主な要因はドル建て商品の値動きです。例えば、日本取引所グループ傘下の大阪取引所で取引される円建ての金先物は、ニューヨーク市場のドル建て金先物相場に連動する傾向があります。

戦争や自然災害の影響も見逃せません。２０２２年2月に始まったロシアのウクライナ侵攻は、両国の生産シェアが高いものを中心に幅広い国際商品の価格に影響を及ぼしました。

供給不安が高まり、天然ガスなどのエネルギー、ニッケルなどの非鉄金属、小麦などの穀物は軒並み侵攻直後に高値を更新しました。

資源価格の上昇は、貿易収支や企業収益の改善をもたらすためオーストラリアドルなどの資源国通貨や、鉱山株、資源商社株などに追い風となります。一方、日本をはじめとする輸入国の株や通貨には逆風です。資源高で輸入額が膨らむと経常収支が悪化し、外国為替市場で通貨が売られやすくなります。円安と資源高の組み合わせは、企業の原材料調達の負担を増やし、日本株にも悪影響を及ぼします。

□将来の価格確定で変動リスクを回避する商品先物

原油や貴金属、穀物といった国際商品は、世界の政治経済、気候や自然災害などの要因で大きく価格が動きます。国際商品は数カ月後、時には数年後に売買することもあります。そのときの価格次第では大きな損が生じかねません。そんな価格変動リスクを回避する仕組みが商品先物です。

図表5-1　商品先物の売買高推移

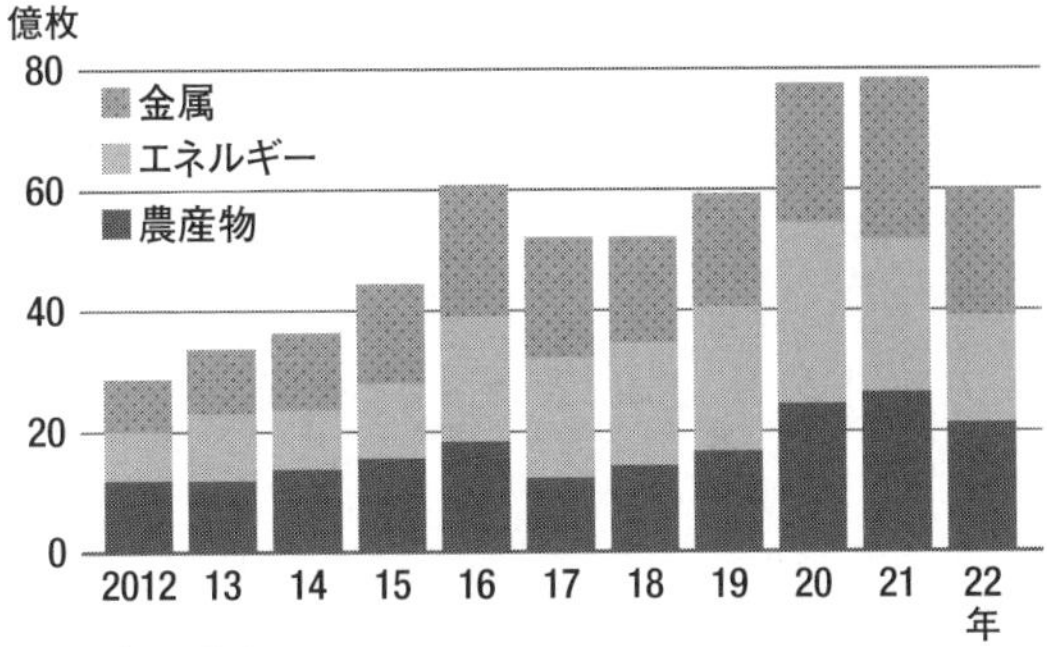

注：世界の商品取引所
出所：FIA

　商品先物は将来のある時点で売買する商品の価格をあらかじめ確定します。先物取引所が決めた商品の品質基準や売買単位、受渡期日といった規格に沿って、取引されています。

　例えば、米国の大豆農家が1年後に売る大豆の価格を確定したいとします。その場合はシカゴの先物取引所に、1年後に決済期限を迎える先物の売り注文を出します。注文成立時の先物相場が1ブッシェル（大豆の場合27・2キログラム）当たり10ドルなら、売却価格も10ドルで固定されます。

　決済期限を迎えたら、指定の場所で大豆を渡し、売却代金を得ます。先物取引で売値を固定しているので、その時の現物相場が5ドルまで下がっていたとしても、5ドル分の損を避けられます。逆に現物相場が15ドルまで上がった場合は5ドル分の儲けを逃すことになりますが、想定外の損は生じません。

1年後に買う予定の商品が値上がりしそうな場合、その商品の先物を買っておきます。同じように値上がりを予想する人が多ければ、先物を買いたい人が増え、先物相場も上がります。1年後に現物価格が上がっても、先物を反対売買で売り戻し、差益を得ることで購入費用の増加を相殺できます。

商品先物取引では必ずしも決済期限を待つ必要はありません。売り注文を途中で買い戻す、または買い注文を売り戻す反対売買で差金を決済する方法もあります。商品先物取引のほとんどが、この差金決済です。商品の受け渡しが要らないため、差益だけを求める機関投資家、ヘッジファンドなども参加できます。商品先物市場には投資や投機のマネーが多く入り込み、時に相場を大きく動かす要因となっています。

米先物取引業協会（FIA）によると、2022年の売買高（農産物、エネルギー、金属の合計）は約60億枚（枚は最低売買単位）と、10年間でおよそ2倍に膨らみました。供給制約や天候不順を背景に世界的にインフレ圧力が強まり、商品市場への注目度が高くなった結果です。

将来の売買を扱うという性質上、商品先物取引の参加者は、常に先々の出来事を予想して注文を出します。商品先物の値動きには、いわば市場参加者の「未来予想」が反映されるため、経済の先行きを判断する材料として注目を集めます。

商品先物は証拠金という担保を差し入れることで、自己資金よりも大きな取引ができます。読みが当たれば大きな利益を得られますが、想定と逆の動きをした場合は巨額の損失を出す恐れもあります。取引を始める場合は、ハイリスク・ハイリターンであることを理解する必要があります。不慣れな投資家はＥＴＦなどを通じて売買するのも選択肢の一つになるでしょう。

2 エネルギー売買の仕組み

□指標が地域で異なる原油市場

原油価格の高止まりが続いています。ガソリンや軽油、重油など原油からつくる石油製品の価格も上がり、国民生活や企業活動にも大きな影響が出ています。ニュースで見かける機会が多くなった原油や石油製品の値段はどのように決まるのでしょうか。石油市場を見るポイントを解説します。

日本はサウジアラビアやアラブ首長国連邦（UAE）など主に中東諸国から原油を輸入しています。一口に「原油」といっても、生産する国や地域によって性質が異なります。

数多くの種類がある原油の価値を決める要素は大きく分けて2つです。

まず、重いか軽いかという物差しがあり、ガソリンや軽油といった成分を多く含む軽質原

図表５-２　WTIとブレントの価格

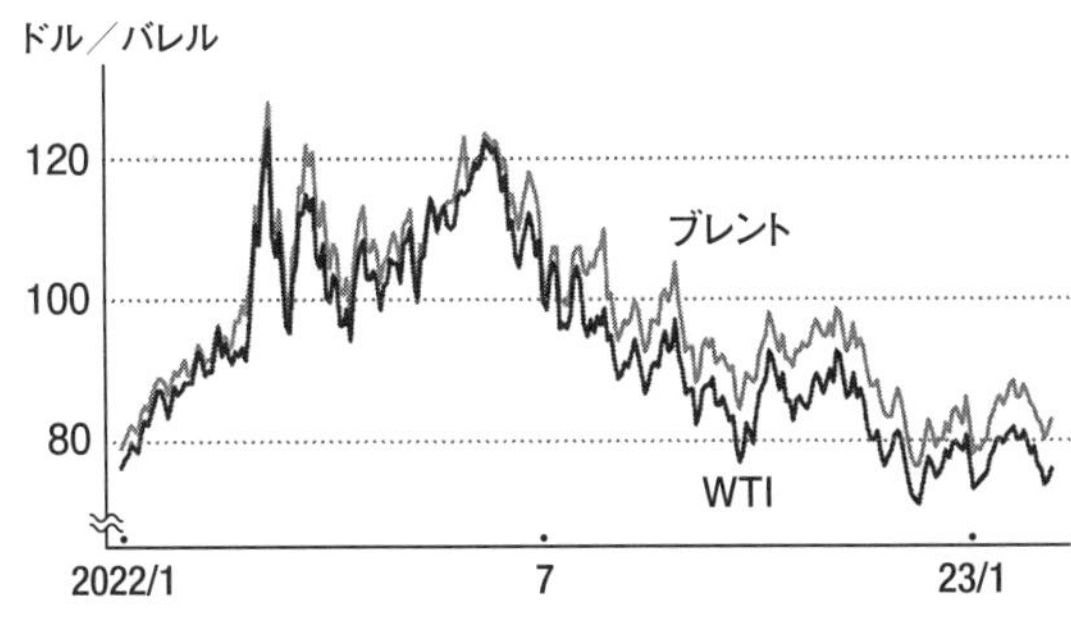

出所：リフィニティブ

油は価値が高いとされます。反対に、常温でどろどろした重質原油は重油やアスファルトを多く含み、軽質より割安になります。次に硫黄分の濃度の違いがあり、硫黄分が少ないほど高くなります。

実際の原油取引では「指標原油」を値決めに使うのが一般的です。産油国は輸出する地域ごとに指標を使い分け、中東以東のアジア地域では主にドバイ産やオマーン産を基準とします。欧州は北海ブレント原油、米国ではＷＴＩ（ウエスト・テキサス・インターミディエート）原油となります。

ドバイ、ブレント、ＷＴＩの指標３油種を比べると、ドバイは比較的重質で高硫黄、ブレントとＷＴＩは軽質・低硫黄、という特徴があります。直近の1年の値動きを平均すると、ドバイがブレントに比べ1バレル当たり2ドル程度安くなっています。

WTIとブレントの性質は似ていますが、以前はWTIがブレントより1バレル2ドル程度高いのが一般的でした。近年では、シェール革命で米国内の原油生産が増えた影響で価格が逆転しており、ブレントに比べWTIが4〜6ドル程度割安に取引されています。

指標原油の値段はいずれも市場で決まります。WTIはニューヨーク・マーカンタイル取引所（NYMEX）、ブレントはICEフューチャーズと、ともに商品取引所に上場しており、価格の透明性が高いとされます。ドバイは主にシンガポール市場で欧米石油会社などが取引しています。産油国が指標に使うのは米調査会社S&Pグローバル・コモディティー・インサイツが市場の取引価格をもとに算出する価格です。

指標原油はそれぞれの市場で毎日取引され、需給を反映する形で値段が決まります。なかでも影響力が大きいのは取引量や市場参加者の多さがあるWTIです。過去の値動きを見ると、WTIが上がれば、ドバイやブレントも上がる傾向が強く表れています。

□ガソリンや重油が原油価格に影響

原油は製油所で精製し、石油製品として使うケースがほとんどです。代表的なのは自動車に使うガソリンやストーブに入れる灯油などです。船舶や工場ボイラーは重油を燃料にします。ナフサ（粗製ガソリン）は石油化学製品の原料としても使われます。石油製品の需要構成は国や地域ごとに特性があり、原油の価格形成にも影響を与えています。

米国は世界最大の石油消費国で、世界需要の5分の1を占めています。米国の石油消費の4割がガソリンで、２０２１年時点で日量８００万バレル程度です。米国のガソリン需要だけで、日本の石油需要の2倍超に相当します。

ニューヨーク市場のＷＴＩ原油はロシアのウクライナ侵攻による供給懸念から22年3月には一時、１バレル１３０ドル台まで急騰しました。その後は徐々に値を下げ、８月には80ドル台まで下落しました。

理由の一つとしてあげられるのが米国内のガソリン需要の低迷です。米国ではドライブシ

図表5-3
国・地域ごとの石油製品の需要構成

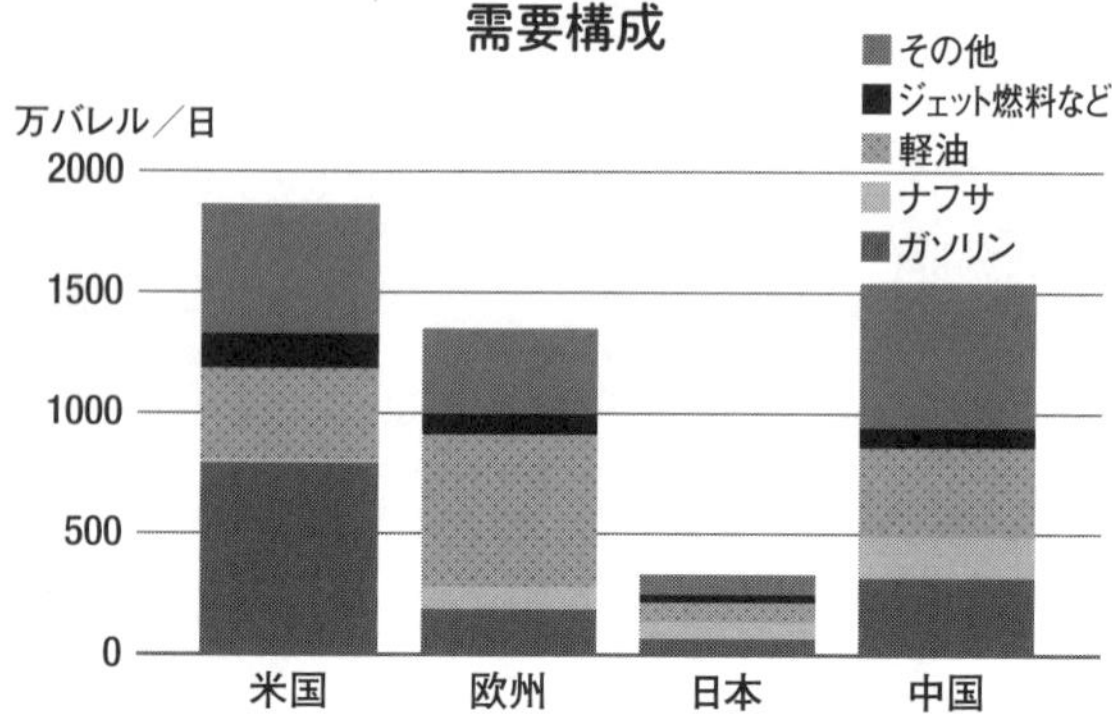

出所：英BP統計をもとに作成

ーズンを迎える夏場に需要が伸びますが、22年は価格の高騰を受けて7～8月のガソリン需要が21年同期と比べ1割ほど落ち込む局面がありました。

ガソリンに次ぐのが軽油やジェット燃料、暖房油を総称した「中間留分」で、米国の消費量は日量500万バレル程度です。軽油やジェット燃料は景気動向の影響を受けやすい特徴があります。暖房油は冬場に需要が増えます。22年末には米国を襲った記録的な寒波で暖房需要が増えるとの観測が広がり、原油価格上昇の要因となりました。

一方、日量1350万バレル程度の石油需

要がある欧州は軽油の消費量がガソリンより多いのが特徴です。ガソリンに比べ燃費効率が高い軽油を使う自動車の普及率が高いためです。ガソリンの消費量は軽油の3割程度に過ぎません。

では、石油製品の価格はどれくらいするのでしょうか。アジア指標のシンガポール相場で比較してみましょう。23年2月上旬で見ると、ジェット燃料や軽油はドバイ原油より1バレル20～30ドル程度高くなっています。

脱炭素の流れが加速し、各国の精製能力は年々低下しています。ウクライナ侵攻を続けるロシアに対する制裁措置が発動され、世界シェアの1割を占めていたロシア産石油製品の供給が減るとの懸念もあります。

一方、中国は新型コロナウイルスを封じ込めるゼロコロナ政策を撤廃し、経済活動の回復でガソリンやジェット燃料の需要が増えるとの観測が広がっています。国際エネルギー機関（IEA）によると、23年の世界の石油需要は過去最高になる見通しです。石油製品の需給逼迫への懸念は強く、原油相場にも大きく影響を与える可能性があります。

□関係者が見るのは「在庫」

原油の値段は日々変動します。産油国の情勢や世界景気など様々な要因が相場を動かしますが、影響が大きいのは需要と供給の関係です。市場の需給を知るには統計調査を使います。市場関係者が特に重視するのは、世界最大級の原油消費国である米国のエネルギー情報局（ＥＩＡ）が公表する週間統計と、ＩＥＡの石油市場月報です。

ＥＩＡの統計は原則として毎週水曜日の米東部時間午前に発表されます。ホームページ上に掲載され無料で閲覧できます。

統計からは、原油や各石油製品の生産量、輸出入、在庫などが全米単位や地域単位でわかります。アナリストやトレーダーなどがまず注目するのは、原油や石油製品の在庫の増減です。一般には在庫の増加が売り材料、減少が買い材料になります。

アナリストは在庫水準も分析します。過去の同じ時期と比べて多いか少ないか、将来の需要をどれだけ満たせるかという点に注目します。

図表5-4　米国のガソリン在庫

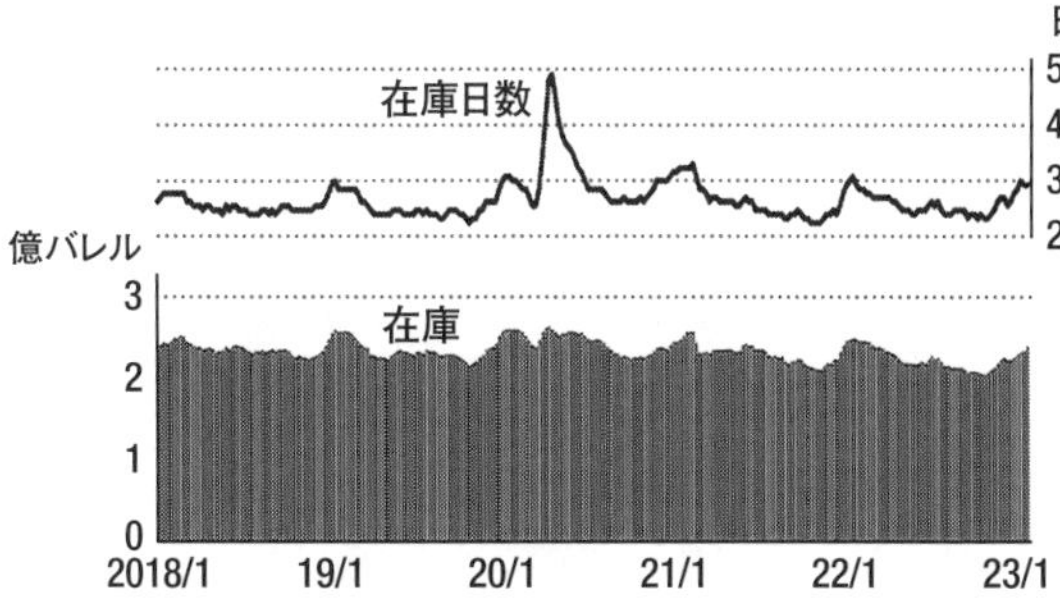

出所：EIA

2023年2月1日発表の統計（同年1月27日時点）を見ると、原油（戦略石油備蓄を除く）在庫は約4億5270万バレルと前年同期の水準を9％上回ります。一方で、ガソリンは約2億3460万バレルと前年同期の実績より少なくなっています。22年末の寒波の影響などで製油所稼働率が低下し、原油在庫が積み上がりました。

在庫が何日分の需要を満たすかは、在庫を直近4週間の1日当たり平均需要で割った「在庫日数」から判断します。在庫日数が少ないほど需給は引き締まっています。米国では夏場のドライブシーズンに向けて冬場に在庫を積み増しますが、ガソリンの在庫日数は29・1日分と、21年や22年の同時期の水準を下回っています。

世界市場の需給動向を知る手掛かりとしてはＥＩＡ、ＩＥＡ、石油輸出国機構（ＯＰＥＣ）がそれぞれ公表する月報があります。このなかでＩＥＡの石油市場月報はＥＩＡの統計と並び網羅的なデータがあり信頼性が比較的高いとして、相場の材料にもなりやすいとされます。

ＩＥＡ月報には、地域ごとの石油需給や価格、在庫などのデータが多くあります。最新版の全文は有料ですが、概略はホームページから入手可能です。

□天然ガスの消費量増加の背景

天然ガスはメタンを主成分とする化石燃料で、主に発電燃料や都市ガスの原料として使われます。生産国が世界各地に広がっており、石油や石炭など他の化石燃料と比べると、燃焼したときに排出する温暖化ガスが少ないとされることから、消費量は年々増加しています。

図表 5-5　LNG 価格の変動

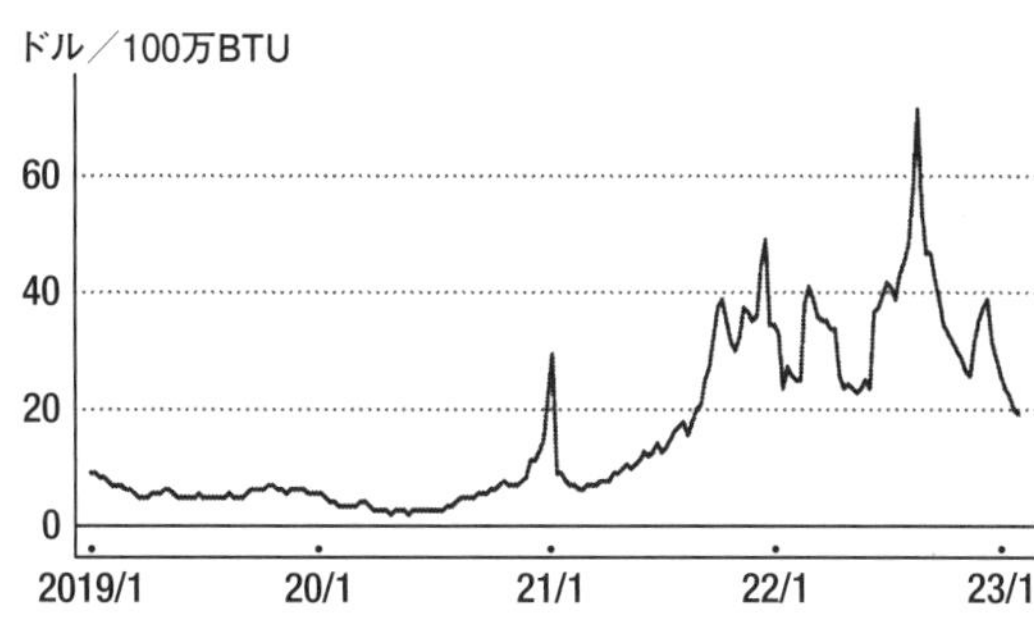

注：アジア市場のスポット価格
出所：リフィニティブ

米国ではニューヨーク市場のヘンリーハブ先物、欧州ではオランダＴＴＦが価格指標となっています。アジアでもスポット（随時契約）の取引などの価格があり、日本市場でも参考にされています。

天然ガスの取引には、日本を含むアジアと米国では主に「ＢＴＵ（英国熱量単位）」という単位を使います。これは「British Thermal Unit」の略です。１ＢＴＵは質量１ポンド（約０・45キログラム）の水の温度をカ氏１度分上昇させるのに必要な熱量で、カロリーに換算すると２５２カロリー。およそマッチ１本を燃やしきる際に放出される熱量に例えることもあります。欧州では「メガワット時」を使うことが多いです。

天然ガスを運ぶ方法としてはパイプラインを使う方法と、天然ガスをマイナス162度まで冷却して液体にしてタンカーで輸送する方法があります。海に囲まれた日本が使う天然ガスの多くは、液化天然ガス（LNG）として海外から輸入されます。液化すると体積が気体の約600分の1となり、専用船での大量輸送や、需要地の近くのタンクでの貯蔵も可能になります。

日本は中国と並び世界最大規模のLNG輸入国で、両国の輸入量を合計すると世界の輸入量の約4割（2021年）を占めます。アジア市場のLNGスポット価格は23年2月上旬時点で100万BTU当たり18・5ドル台となっています。

天然ガスの価格変動要因としては、まず天候があげられます。寒波で冬場の暖房需要が高まれば価格は上がります。一方、暖冬になると在庫が積み上がり、天然ガス価格は軟調になりやすいです。需要面では中国や欧米などの経済活動の増減も価格に影響を与えます。

供給面では、LNGプラントやパイプラインなどの生産・輸送設備の稼働状況などが価格に影響します。地政学リスクも要素です。LNGの生産国と消費国といった間で緊張関係が高まると、供給網が停滞し相場が高騰する例があります。

□ 安いだけではない石炭の魅力

石炭は日本で古くから使われてきた化石エネルギー資源で、発電燃料や製鉄原料などに利用されています。資源量が豊富で供給安定性が高く、石油や天然ガスに比べて相対的に安価なことから、日本をはじめ各国で基幹エネルギーの一つに位置づけられてきました。

石炭の起源は植物です。米国や欧州、オーストラリア、中国、ロシアなど世界各地に幅広く分布しています。地政学リスクの高い中東やロシアなどに偏在している石油・天然ガスと比べて地域的な偏りが少ないことから、安定して入手しやすい特徴があります。英ＢＰの統計によると、石炭の確認埋蔵量は２０２０年末時点で１兆７４１億トンで、現在の生産ペースが続いた場合に採掘が続けられる年数（可採年数）も１３９年と長くなっています。

燃料としてのコストの低さも、石炭が使われ続ける背景にあります。熱量当たりで比較すると、石炭の価格は原油やＬＮＧを平均的に下回ります。特にウクライナ侵攻後の22年夏に天然ガス価格が急騰した際には、石炭と天然ガスとの価格差が大きく開き、石炭の相対的な割安感が強まりました。このためロシア産ガスからの脱却を進める欧州や、外貨不足でＬＮＧを輸入するのが難しくなった新興国などを中心に、22年は石炭の利用を増やす動きが相次ぎました。

ＩＥＡによると、世界の石炭消費量は22年に過去最高を更新する見通しです。今後も25年まで22年並みの高い水準で横ばいが続くと分析しています。

石炭は二酸化炭素（CO_2）の排出量がＬＮＧの2倍程度と多く、環境負荷が高いという欠点もあります。日本は21年時点で発電電力量の約3割を石炭で賄っていますが、温暖化ガスの排出量を50年までに実質ゼロにする目標の達成のため、中長期では再生可能エネルギーや原子力を増やし、石炭火力の割合を減らす計画です。

電力各社はCO_2を地下に貯留する「ＣＣＳ」や、石炭から取り出した水素を燃やす「石炭ガス化複合発電（ＩＧＣＣ）」など石炭火力の次世代化に向けた技術開発も急ピッチで進めています。

3 金への投資はなぜ人気？

□「安全資産」として名高い

金（ゴールド）と聞いて皆さんは何を思い浮かべるでしょうか。ツタンカーメンの王墓には100キログラムを超える金が使われ、現在も宝飾品や地金（延べ棒）、金貨などで流通しています。投資対象としての特徴や具体的な投資方法など、注意点も交えて解説します。

金には量が少ない（希少性）、見た目が美しい（審美性）、化学的な変化がほとんどない（安定性）という性質があります。国際調査機関のワールド・ゴールド・カウンシル（WGC）によると、人類がこれまでに掘り出した金の総量は2022年末時点で約21万トン。五輪の公式プール約4杯分しかありません。貴重さと優れた性質ゆえに、古代から高い価値を持ち続けてきました。

図表5-6　金の価値を高める3つの性質

希少性	これまでに掘り出された量は約21万トン。五輪公式プールの4杯分程度
審美性	古代から権力者の副葬品や宮殿の装飾、宝飾品などに用いられてきた
安定性	純金は酸化や変色を起こさず、ほとんどの薬剤に高い耐性を持つ

出所：WGCなどをもとに作成

コモディティーの一つである金は、米国の先物価格や英国の現物価格が国際的な指標です。「トロイオンス」という独特の単位を使い、ドル建てで取引します。1トロイオンスは31・1035グラムに相当します。中世に栄えたフランスの商業都市「トロア」がトロイオンスの語源といわれています。金には歴史的背景や希少性からいくつかの別称があります。

一つが「安全資産」です。金は日々価格が変動するため、購入時より価値が下落する元本割れのリスクはあります。それでも多くの人々が金を安全資産とみなすのは、企業の経営破綻などの影響を受けにくいことが一因です。

例えば08年には、米国の大手証券会社リーマン・ブラザーズが経営破綻したほか、ゼネラル・モーターズ（GM）をはじめとする米自動車大手ビッグ３が経営危機に追い込まれました。企業が経営難に陥ると、信用力にもとづいて発行した債券や株式の価格は大幅に下がり、最悪の場合、紙切れ同然になってしまいます。一方で金は株や債券と違い、それ自体に高い価値があります。発行体の経営難で価値が大幅に目減りするリスクがないため、安全性の高い資産として金を購入する人が増えたのです。

19世紀から20世紀にかけて、金は通貨発行の裏付けに使われたり、国際基軸通貨であるドルとの交換に使われたりしていました。ドルとの交換が停止された現在も、各国の中央銀行が外貨準備の一部として金を保有するなど、通貨としての性質を保っています。特定の国が発行するわけではないので「無国籍通貨」の異名もあります。

ドルは国際基軸通貨であると同時に、いわば「米国籍」の通貨です。世界情勢から米国経済の先行きに不安が募り、ドルの価値が低下するとの思惑が強まれば、金需要の拡大要因になるのです。

新型コロナウイルス禍やウクライナ危機などのように、金は「有事」の際に購入する人が増える傾向があります。有事の際には株や通貨などの価値が大きく変動しやすいため、安全資産で無国籍通貨の金に注目が集まるわけです。

□一般の人にも、中央銀行にも望まれる金

金の需要の約半分は宝飾品です。金融市場の整備が不十分な発展途上国では、金の宝飾品が「貯金」の役割も兼ねています。例えば2022年に宝飾品として金を最も消費したインドでは、花嫁が金の宝飾品を持参金にする風習があります。婚礼シーズン（10〜11月ごろ）は特に需要が盛り上がります。

金は加工しやすく導電性も高いため、電子部品など産業素材としての需要もあります。ただ需要全体に占める割合は1割前後に過ぎません。景気の影響を受けやすい産業需要への依存度が低いため、景気後退局面でも金の価格は下がりにくい傾向にあります。不況に対する抵抗力が強い資産ともいえます。

10年代以降は中央銀行の金買いが増えています。国際調査機関WGCによると、22年の中

図表 5-7　金の需要構成

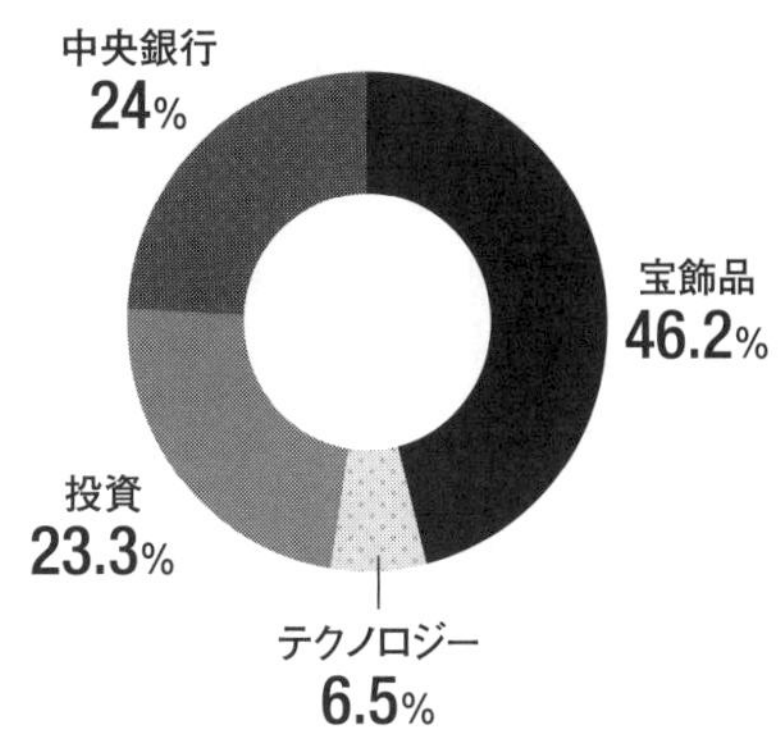

出所：WGC（2022 年）

銀による純購入量（購入から売却を除いた値）は約１１３５トンと、データのある１９５０年以来で最高水準となりました。新興国がドルへの過度な依存を避けるため、保有資産を分散しているとみられます。中銀は金を超長期で保有するのが一般的で、価格の下支え要因となります。

金の供給は「鉱山からの一次供給」と「リサイクルによる二次供給」に大別されます。金は世界各地に産地が分散しているため、特定地域の鉱山ストライキなどによる供給への影響は限定的です。日本も以前は国内に多くの金鉱山がありました。ただ現在、商業ベースで生産を続けているのは住友金属鉱山が保有する菱刈鉱山（鹿児島県伊佐市）だけです。

金は腐食しないため、有史以来発掘された金の大部分は宝飾品や地金などの形で現存します。こうした発掘済みの金は「地上在庫」とも呼ばれます。2021年の東京五輪では、選手に贈るメダルをリサイクル素材だけでつくり、話題になりました。

もっとも地上在庫は金の価格上昇を抑える存在となります。利益を得るために手持ちの地上在庫を売る投資家が増えると、その金はリサイクル後、再び流通に回ります。市場全体の供給が増え、価格の下落要因になります。

金の国際取引ではロンドンと米国が有名です。地金を扱う現物取引では、ロンドンでの受け渡しを条件とする「ロコ・ロンドン取引」が多く利用されます。売り手と買い手が一対一で行う相対取引です。午前と午後の2回実施する「フィキシング」と呼ばれる取引で決まる価格は国際価格の指標で、多くの投資家が注目します。

地金の受け渡し場所がインドやシンガポールなどの場合、ロンドンからの地金の輸送コストが反映されるため、取引価格はロコ・ロンドン価格より割高になるのが普通です。ただ需要が冷え込み、過去に購入した地金を売る投資家が増えると、割安に取引されることもあります。

ニューヨーク商品取引所（ＣＯＭＥＸ）の先物価格も国際指標として注目を集めます。ロコ・ロンドンと先物の価格差が開いた場合、高い方を売って安い方を買う「裁定取引」で利益を得ることができます。この取引は価格差が縮まるまで繰り返されるため、現物と先物の価格は連動します。

日本では円建て価格によるグラム単位の取引が一般的です。現物は地金商などが日々小売価格を公表しており、先物は日本取引所グループの大阪取引所などで取引されています。

□手間が省ける金ＥＴＦとは

金のＥＴＦは、金相場に価格が連動するように運用される投資信託です。証券取引所に上場しており、株式と同様に値動きを見ながらリアルタイムで売買できます。地金の現物売買と異なり、保管する手間が省けるのも特徴です。株式相場の先行きが読みにくいなか、株式と値動きが連動しにくいオルタナティブ（代替）投資として個人投資家の人気を集めています。

日本で代表的な金ＥＴＦが三菱ＵＦＪ信託銀行の「金の果実」です。２０２３年1月末時点の純資産残高は約２０００億円と、ロシアのウクライナ侵攻前の21年末比で3割強増えました。ウクライナ危機の長期化や世界的な景気悪化への懸念を受け、安全資産としての金に投資したいとする個人のニーズを取り込んだ格好です。

現物の金を購入するのと異なるのは、金を自宅などに保管しなくて済む点です。また、「金の果実」はＥＴＦを現物の金といつでも交換することができます。

金ＥＴＦは確定拠出年金（ＤＣ）や少額投資非課税制度（ＮＩＳＡ）を通して購入できるようになり、その買い手は機関投資家や富裕層から、一般の個人へと広がってきました。

特にＤＣ経由の資金流入は増加傾向にあり、「金の果実」の場合、残高の約25％がＤＣからのものとみられています。老後資金の確保が個人の間で話題となるなか、長期的な資産形成に向けた投資先の一つとして人気を集めています。

金ＥＴＦは、金の現物を価格の裏付けとしたものが主流です。発行会社はＥＴＦの残高に応じて現物を購入して保有することになるため、残高の増加は金の需給の引き締め要因となります。逆に金ＥＴＦの残高減少は金需給の緩和につながります。

金ＥＴＦは00年代前半にオーストラリア、英国、米国などの証券取引所に相次いで上場し、価格への影響力が高まりました。現物保管に手間がかかるため金投資に消極的だった年金基金や個人を中心に、オルタナティブ投資の一つとして注目が集まりました。ＷＧＣによると、世界の金ＥＴＦが価値の裏付けとして保有する金現物の残高は23年１月末時点で３４００トン台と、10年前と比べ２割程度増えています。これはウクライナ危機の長期化や世界的な景気悪化懸念を受け、安全資産とされる金への投資ニーズが高まったためです。

金ＥＴＦ以外にもプラチナなどの価格に連動する貴金属ＥＴＦが存在します。日本ではプラチナ、銀、パラジウムに連動するＥＴＦがあります。これらの貴金属は産業用の用途も多く、金と値動きが異なる点に注意が必要です。

□金の延べ棒は誰が買うのか

現物の金の投資手段として、まず地金の購入を思い浮かべる人が多いでしょう。まとまった額の金を購入するのに最適なのが金地金（きんじがね）です。これは大手地金商やその代理店で購入できます。

世界で主流なのは1キログラムの地金です。純度は「99・99％」の表記が多く、中東などでは99・5％の地金もあるようです。1キロの地金は現在の相場で1本1０００万円弱の価値があり、価格が高すぎると感じる個人投資家は少なくありません。そのため少し小さなサイズの地金も人気です。５００グラムや１００グラムのほか、50グラムや1グラムの地金もあります。サイズが小さくなれば買いやすくなる一方、一般には「スモールバーチャージ」という手数料が上乗せされ、1キログラムの地金より若干割高となります。

中央銀行や金融機関などの機関投資家は、ラージバーと呼ばれる４００トロイオンス（約12キロ前後）の大きな地金で所有することもあります。ラージバーは必ずしも99・99％とは限らず、その価値は金純分で計算されます。

一定額以上の地金を購入する場合は、資金洗浄（マネーロンダリング）などを防ぐため厳格な本人確認が必要です。基本的にクレジットカードは利用できず、現金で購入します。

地金以外で比較的少額から始められるのが金貨です。オーストリア造幣局が発行し、表面に楽器をあしらった「ウィーン金貨」、カナダ王室造幣局が発行する「メイプルリーフ金貨」などが知られています。価格も金相場に応じて毎日変わります。地金商や代理店で取り扱いがあり、価格は同種の金貨なら基本的にほぼ同じです。

毎月決まった額を金地金に投資する「純金積み立て」という商品もあります。田中貴金属工業や三菱マテリアル、楽天証券などが扱っています。田中貴金属の場合、毎月３０００円以上、１０００円刻みで積立額を設定し銀行口座から引き落とします。こうした定額購入は金価格が安ければ購入量が多くなり、逆のときは少なくなります。これは、「ドルコスト平均法」と呼ばれ、極端な高値づかみを避けると同時に安値を逃すことが少ない投資手法として知られています。

□金と比べて銀はどう?

金と並ぶ貴金属商品の代表が銀です。金と同様に宝飾品に使われるだけでなく、安全資産として投資家の投資対象になる傾向もあります。

ただ、異なる点も少なくありません。銀は電子部品などの産業用途が需要の約半分を占めており、金に比べると景気敏感性がより高い傾向にあります。市場規模も小さく、値動きの激しさから投機対象になりやすいのも特徴です。

銀の業界団体、シルバー・インスティチュートによると、2022年の銀の需要のうち45%が産業用途と見込まれています。金の産業用途は約1割ですので差は歴然です。銀の産業用途の7割弱を電力向けが占めています。太陽光発電パネルに銀が使われているため、世界的な脱炭素の流れから需要は拡大傾向にあります。

宝飾品向け需要は約2割を占めます。金と同様に安全資産とみなされることも少なくありません。宝飾品向けの需要は中国とインドが半分近くを占めるため、両国の経済状況にも価格が左右されます。

図表 5-8　金と銀の値動き

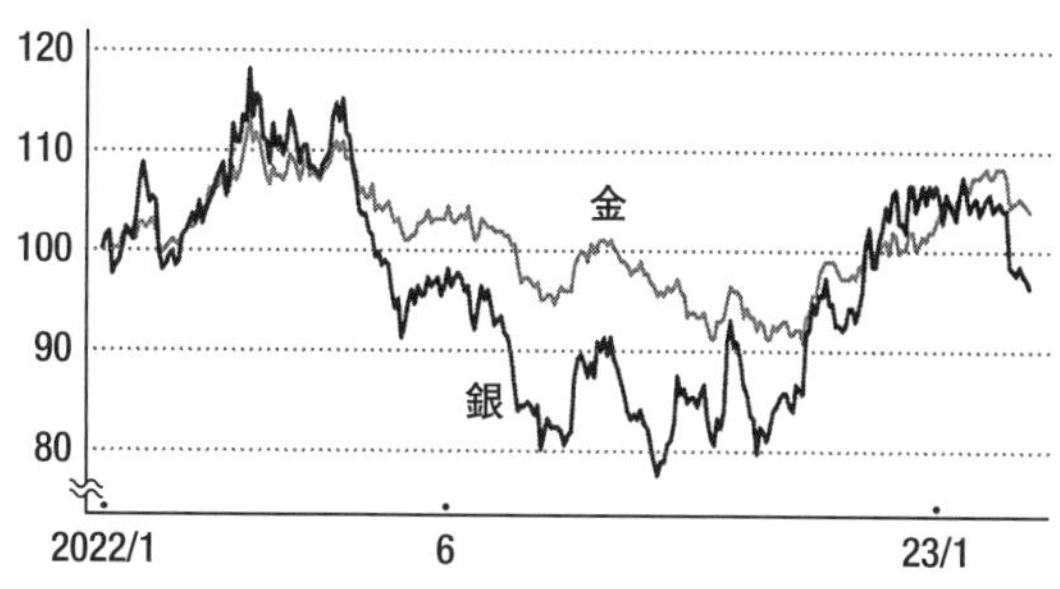

注：2022 年初のニューヨーク市場の終値を 100 とする指数
出所：リフィニティブ

世界最大の産地はメキシコで、鉱石産出量の24％を占めます。これに次ぐのが中国、ペルー、ポーランドです。政情が安定しない中南米に鉱山が少なくないため、供給リスクを抱えた商品ともいえます。

銀は金以上に価格変動要因が多く、しかも市場規模が金に比べて小さいため、価格変動が激しくなりがちです。銀の値動きの軽さに着目した投機筋の売買は過去から活発で、投資する際には留意する必要があります。

１９８０年には米国の石油富豪、ハント兄弟の買い占めで銀は急騰し、１トロイオンス50ドル超に上昇したことがあります。当時も取引所の規制を機に暴落し、多くの投資家が莫大な損失を被りました。

近年だと21年に米SNS掲示板「レディット」を通じて米国の個人投資家が結束し、銀先物は一時急騰しました。ただ投機資金による上昇は持続せず、短期間のうちに反落しました。この混乱をきっかけに市場では、幅広い製品の原材料となる商品に個人の投機資金が流入する傾向が強くなると、企業や個人に悪影響が及びかねないとの声が増えています。銀は銀貨や地金といった現物のほか、先物やETFを通じて取引されます。近年はETFなど新しい投資商品の登場で投資家の裾野が広がっています。機関投資家や個人の投資マネーが流入し、相場の変動率を高める一因にもなっています。

4 非鉄金属の価値と需要

□銅やアルミニウムは中国が消費

橋やプラントなど大規模な施設から電子部品まで、幅広い分野に使われる銅やアルミニウムなどの非鉄金属は生活に欠かせない存在です。値動きには景気動向が表れます。非鉄金属の種類と価格の決まり方を見ていきましょう。

まずは、主な非鉄金属の用途や年間消費量を見てみます。

銅は電力や通信向けの電線のほか、空調機や電子部品、建材など非常に用途が広範です。非鉄金属のなかでも、値動きは世界の景気を敏感に映し出すといわれ「ドクター・カッパー」という異名を持ちます。２０２１年の世界消費量は約２４８５万トンで、このうち約半分を最大消費国の中国が占めます。日本は約91万トンです。主な生産国はチリやペルーで

図表 5-9　主な非鉄金属の世界消費量（2021 年）

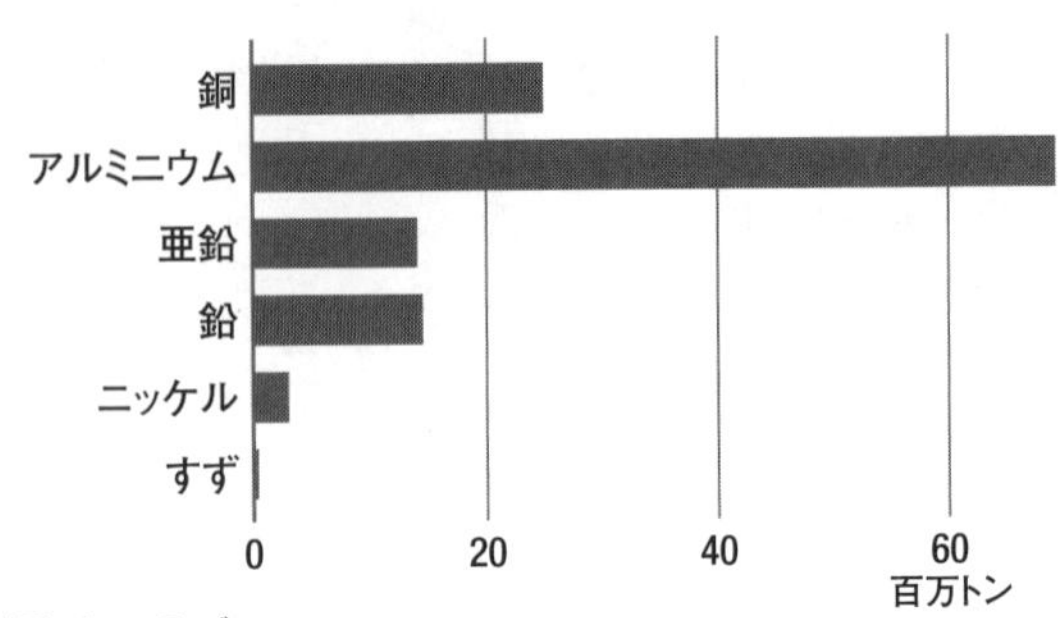

出所：リフィニティブ

す。

アルミニウムは住宅サッシなどの建設資材、鉄道車両、自動車の一部にも使うほか、缶や電子部品の材料になることもあります。世界年間消費量は21年が約6920万トンで消費の約6割を中国が占めます。日本の消費は約174万トンでした。生産量は中国が首位です。

亜鉛は鋼材をさびにくくするためのメッキ加工の用途が多いです。メッキ加工した鋼材は自動車や鉄橋、プラントなどに使われます。

鉛は環境問題の観点から用途が限られつつありますが、リサイクルが可能な蓄電池向けが中心です。

ニッケルとすずは比較的消費量が少ないものの、重要な用途があります。ニッケルはステンレス鋼材の副原料として用い、鋼材をさびにくくする役割があります。電気自動車（EV）の電池材料としても注目されています。すずは電子部品の接合に欠かせない、はんだの原料になります。

ここにとりあげた6種類の非鉄金属はロンドン金属取引所（LME）という市場で取引されています。LMEは19世紀後半に銅とすずの取引から始まりました。歴史的経緯から、LMEの取引価格が世界の非鉄価格の指標になっています。

特に値決めでよく使うのが「3カ月先物価格」です。かつて、銅鉱石産出国のチリ、すず鉱石がでるマレーシアからロンドンへの輸送に3カ月程度かかったことに由来するといわれています。

LMEではリングと呼ばれる立会場での取引が主流でしたが、オンラインの取引も新型コロナウイルス禍をきっかけに広がってきました。実際にはLMEのトレーダー同士や顧客とトレーダーの取引も取引として認められるため、24時間取引が可能です。

ニッケルの取引に関し、LMEでの取引を避ける動きも出ています。22年3月に取引で多額の損失を抱えた中国企業が買い戻した結果、相場が急騰。LMEは取引停止と約定の取り消しを迫られました。市場の混乱で投資家のLMEへの不信は高まっています。中国の輸入業者の一部が生産者に対し、ニッケル価格の指標をLMEから上海期貨交易所（SHFE）に移行するよう要求する動きも出ているようです。

□ 需給を捉えるコツは「プレミアム」

LMEの相場は地金を売買するときの値決めに利用します。しかし日々の値動きに応じて決めるケースはまれです。鉱山会社と製錬会社、製錬会社と需要家は毎月の平均価格を利用し、長期的な売買契約を結ぶケースが多いようです。

日本の銅や亜鉛の製錬会社の多くは海外から鉱石を輸入し、自社の製錬所で地金をつくっています。日本の製錬会社も海外鉱山に権益を持っていますが、「非鉄メジャー」と呼ばれる大規模な海外資源大手の影響力は世界的に大きく、鉱石を購入する際にはこういった企業と交渉して価格を決める必要があります。

図表 5-10　アルミの割増金（プレミアム）

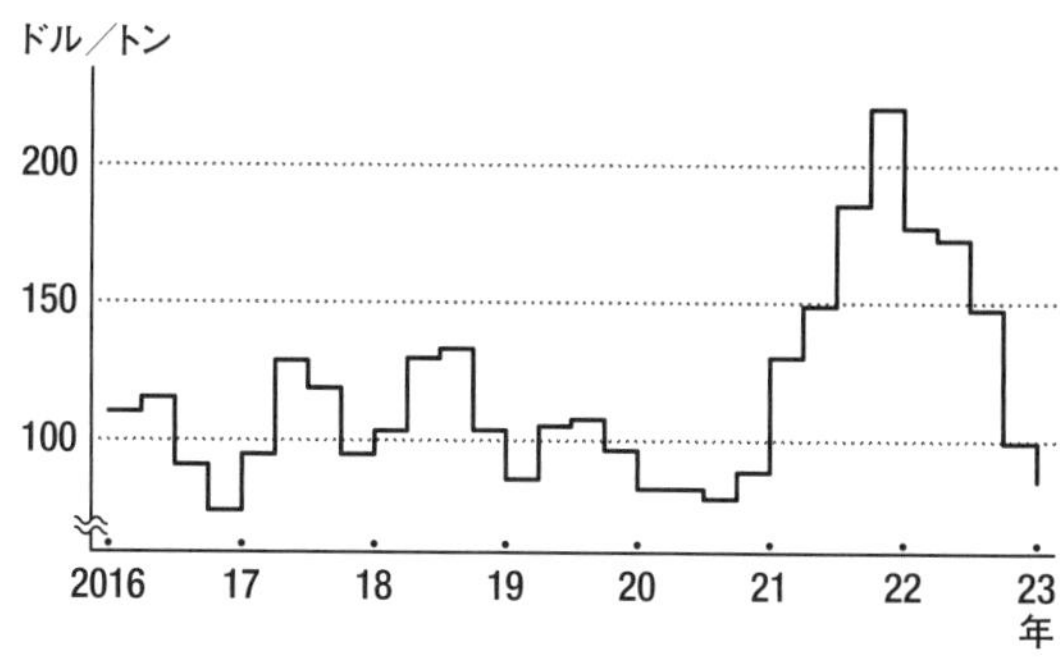

海外鉱山と製錬会社が交渉して決めるのは鉱石の「加工費」です。製錬会社はＬＭＥの価格から加工費を差し引いた金額を鉱石費として資源会社に支払います。加工費は製錬会社の粗利益に相当し、上昇すれば鉱石費が下落、下がると鉱石費が高くなります。加工費は長期契約とスポットがありますが、日本の製錬会社はほとんど長期契約により安定調達しています。

加工費は鉱石価格の動向や需給、そして製錬のコストに左右されます。一般的に需給が逼迫していれば加工費は上昇し、その分製錬会社の取り分は多くなります。亜鉛では生産に大量の電力を使うため、電力代の動向も加工費を左右することになります。

非鉄金属の価格を決めるうえで、もう一つ重要なのが「割増金（プレミアム）」です。プレミアムは製錬会社や商社などが地金を圧延メーカーなど需要家に販売するときに、LME価格に上乗せするもので、輸送費や地域の需給を反映します。こちらも長期契約とスポットがありますが、日本の需要家は長期契約による調達がほとんどです。

国内に製錬会社がないアルミニウムの場合、長期契約のプレミアムを3カ月ごとに改定しています。また銅は世界最大の産銅会社であるチリのコデルコが、秋ごろに世界の需要家にプレミアムを通告します。

アルミニウムのプレミアムの交渉は長期化しており、2023年1〜3月期の交渉は8年ぶりの越年となりました。国内需要の弱さに加え、需要家はすでに確保してある地金在庫の処理を優先し、交渉決着を急がなかったことが背景にあります。交渉は22年春から長期化する傾向にありました。従来の交渉期間は3〜4週間で、当該四半期が始まる前に決まることが多かったのです。

LME価格や加工費、プレミアムには一定の価格サイクルがあります。相場が低迷している間は減産や設備の廃棄などが進むため、その後の需給は引き締まります。このため、相場の低迷は長続きせず、加工費の低下とプレミアムの上昇で再び相場が上昇に転じていくのです。

ただ足元では脱炭素の動きによる需要増を背景に、生産が増えても需給逼迫は続いたままになりやすい傾向があります。過去のサイクルが当てはまりにくくなっている点には注意が必要でしょう。

□為替や輸送費が影響する国内価格

非鉄地金の国内価格は円建ての取引が主流です。LMEで取引されている非鉄金属を日本国内で売買するときには、LME価格に割増金（プレミアム）を加算したドル建て価格を日本円に為替換算したものを用います。このため国内価格は為替の影響を受けやすいとされています。

実際の国内価格は、ここに国内で必要になる輸送費など諸経費がさらに加わります。これらすべてを反映した国内価格の基準が「建値」です。それぞれの金属の製錬会社が、LME

相場や為替変動に応じて随時改定します。銅はＪＸ金属、亜鉛は三井金属、鉛は三菱マテリアルがそれぞれ発表しています。

建値とＬＭＥ価格の値動きが異なることは少なくありません。例えば２０２２年の銅のＬＭＥ価格は年間で14％下落した一方、建値は年間で5％上昇しました。22年の記録的な円安・ドル高が、円建ての建値を下支えしたのです。ただ、実際の商取引で建値を利用するケースは少ないとされます。建値は国内のどこに運んでも同じということで、参考価格程度の意味合いが強いからです。

アルミニウム、ニッケル、すずは建値がそもそも存在しません。これらはＬＭＥ価格にプレミアムを上乗せしたものを円換算し、国内諸経費を加算したうえで販売されています。

非鉄金属などを混合した合金も、多くの場合はＬＭＥ価格に連動しています。例えば亜鉛にアルミや銅などを混合した亜鉛合金はＬＭＥの亜鉛地金価格に加工コストを上乗せした価格で取引します。また、銅のスクラップ（くず）の価格は建値に連動しています。

電子部品などに使う伸銅品や、飲料缶などに利用するアルミ圧延品の場合、その価格は原料となる地金の国内価格と加工メーカーの利益となる加工賃（ロールマージン）で決まります。地金の価格は伸銅品が銅建値に連動する一方、建値のないアルミ圧延品は商社の販売価格を参考に四半期ごとに決められています。

ロールマージンは国内の需給動向を反映しているため、ＬＭＥ相場の影響を受けません。加工メーカーと需要家が加工品の需給を見ながら随時交渉します。ロールマージンは加工品の国内需給が逼迫すると引き上げられ、需給が緩めば引き下げられる傾向にあります。

燃料費の動向もロールマージンの値決めに大きな影響を与えます。22年は伸銅品の加工メーカー各社がロールマージンを値上げし、主要品種の黄銅丸棒の流通価格は同年９月時点で、７月の安値から１割高い水準で推移しました。ウクライナ危機などで燃料費が高騰し、生産コストの上昇をロールマージンに転嫁する動きが広がりました。

このように地金価格はＬＭＥ価格や為替の影響を受けますが、アルミ圧延品などの製品価格は国内の需給を映して決まります。

5 穀物をめぐる取引

□ 穀物市場の相場とは

トウモロコシや大豆などの穀物は、食品原料や家畜の飼料として欠かせない商品です。農家や食品会社は日々穀物の売り買いをしますが、その際参考にするのが先物取引の価格です。先物取引には金融機関なども参加し、穀物は株式のような投資対象にもなっています。穀物相場の決まり方についてポイントを解説します。

先述の通り、先物取引とは将来の価格を予想して売買する取引です。穀物の場合、種をまいて収穫するまでに時間差があります。将来の価格がわかれば、農家が作付け面積などを決めるのに役立ちます。また、食品会社などは将来の調達価格を予想することができます。

先物取引は必ずしも実物を売買する必要はありません。商品の決済期限までに反対売買を

図表5-11　シカゴ市場の主要商品

品目	価格（期近、ブッシェル）	主な用途
トウモロコシ	約6ドル	飼料、バイオ
大豆	約15ドル	食用油、飼料
小麦	約7ドル	パン類、飼料

注：価格は2023年２月末時点
出所：米シカゴ商品取引所

して取引を解消することができます。このため、実物を扱う農家や食品会社のほかに、金融機関などの投資家が取引に参加しています。

穀物取引の中心になっているのは、米国シカゴにあるシカゴ商品取引所です。米国はトウモロコシの世界最大の生産国で、大豆や小麦の主要な輸出国です。米中西部は「コーンベルト」と呼ばれる穀物産地が広がっており、距離的に近いシカゴに先物取引所ができました。米国以外にも穀物産地はありますが、取引量が多いことからシカゴ先物取引が世界中の取引の指標として重視されています。

個人も商品ファンドなどを通して穀物に投資することは可能です。日本の商品先物取引所にも上場しており、商品先物会社などに口座を開いて内外の商品を直接売買することもできます。ただし、商品先物は大きな損失を生む可能性がある非常にリスクが高い投資商品です。商品ファンドも基本的に元本は保証されません。専門的な知識が不可欠です。

□相場変動は「天候」

穀物相場を動かす大きな要因が生産量です。生産量は産地の天候によって大きく左右されます。取引量が多いトウモロコシと大豆の主な産地と天候の影響について説明します。

トウモロコシの世界最大の生産国、米国の作付け時期は4～6月です。その後の7～8月がトウモロコシの生育に最も重要な受粉期です。例年、9月中旬までに粒が硬くなり、10月以降に収穫されます。作付けから収穫までは産地の天候に反応して先物相場が大きく動きます。これは「天候相場」といわれ、産地の日々の天候により相場が乱高下しやすい時期です。主要な生産州での作物の植え付け、収穫の進行などは米農務省（USDA）が、この時期に限り毎週公表しています。

図表5-12　穀物の生育サイクル

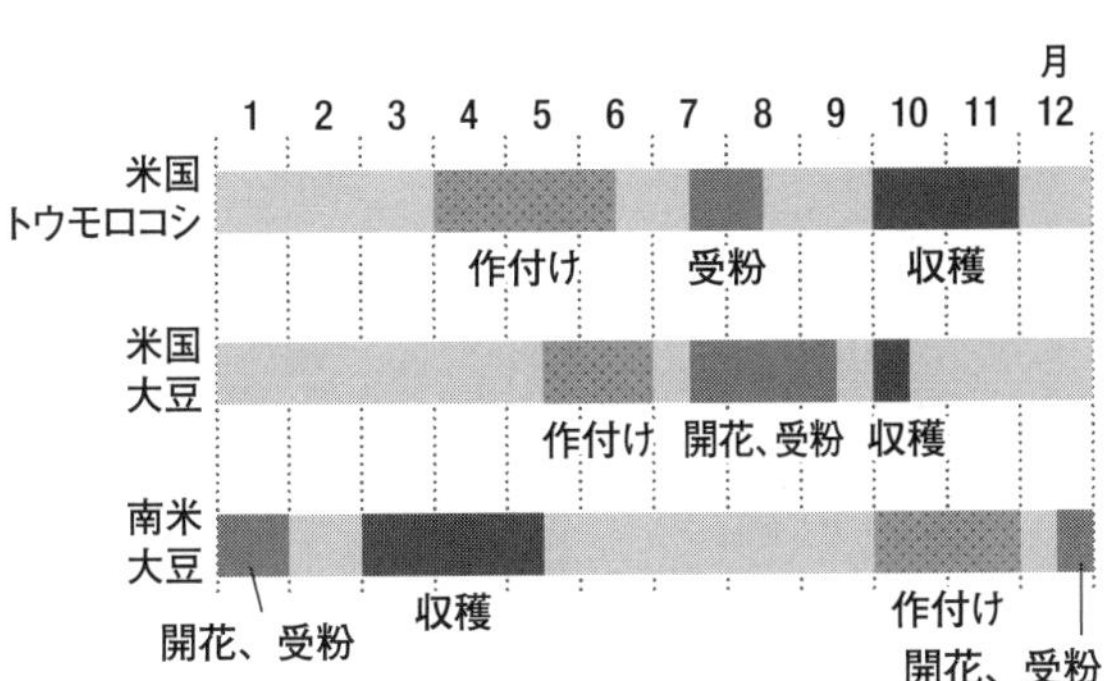

大豆はトウモロコシにやや遅れて、５～６月が米国での作付け時期です。７～８月に開花、受粉し、９月中旬ごろまでに結実します。トウモロコシと同様に夏場の天候が生産量を左右します。大豆の場合、特に南米の天候の影響も大きいです。南米の輸出量は世界全体の６割を占め、米国を超えています。南半球の春にあたる10月から作付けが始まり、年末から翌年２月にかけて開花、受粉、結実と進みます。

米農務省は２０２３年２月の穀物需給報告で、大豆の世界生産で１割を占めるアルゼンチンの22～23年度の生産見通しを前月報告に比べ下方修正しました。これは現地の干ばつが背景です。ブラジルでも降雨で収穫が遅れるなどの観測が広がりました。米シカゴ市場の先物が買われる材料となりました。

天候に左右されやすい穀物の先物価格は、他の商品とは異なる動きをすることがあります。新型コロナウイルス禍やウクライナ危機を背景に安全資金とされる金などの人気が高まりましたが、相場変動が大きい天候相場期には穀物が投資対象として注目される傾向は続いています。

中国の輸入量が影響

穀物相場は2000年代前半と比較すると大幅に上昇しています。人口増加や生活水準の向上に伴い、中国や新興国の食糧需要が拡大したことが背景にあります。

経済成長で食生活が豊かになって牛肉や豚肉の消費が伸び、穀物需要が拡大しました。トウモロコシは主に家畜の飼料になります。食肉の消費量が増えたことで、トウモロコシの需要も増えました。

特に影響が大きいのが中国の輸入拡大です。トウモロコシを例にとると、08〜09年度までは中国のトウモロコシ輸入はほぼゼロで輸出国でした。しかし09〜10年度から輸入国に転じました。米農務省の需給報告で20〜21年度の中国の輸入は約3000万トンと世界最大規模でした。家畜伝染病のアフリカ豚熱（ＡＳＦ）の流行で19年に豚肉の供給が落ち込み、豚の増産に取り組むなかで輸入量が急増しました。

大豆も中国の輸入が年々拡大しています。大豆は飼料のほかに、食用油の原料にもなります。中国では工場建設などインフラ整備が進んだ結果、農業に必要な土地や水の確保が難しくなったとの指摘もあります。20〜21年度の大豆輸入は約1億トンと、トウモロコシと同様に単一国として最大です。中国の輸入はシカゴ先物の売買材料になっています。

バイオ燃料向けの利用拡大も穀物需要を押し上げています。米国は脱炭素などを狙い、トウモロコシからつくるエタノールを自動車燃料向けに普及しようとしています。そのため、米国のエタノール需要の予測も相場が動く要因です。また、大豆からつくる大豆油も南米や米国でディーゼル燃料として使われています。

これらの需要動向は、米農務省が毎月公表する需給報告で確認できます。燃料利用が拡大したことで穀物相場は原油との連動性が高まったとの指摘もあり、他の商品や株式相場などの影響も受けやすくなっています。投資の際は穀物固有の事情だけでなく外部環境にも留意が必要です。

＜執筆協力＞

荒川信一、犬嶋瑛、今堀祥和、井口耕佑、
越智小夏、小河愛実、川上優香、川路洋助、
小池颯、佐伯遼、佐藤日菜子、沢隼、篠崎健太、
杉山麻衣子、中元大輔、浜美佐、浜野航、福井環、
舟木彩賀、堀尾宗正、桝田大暉、松本裕子、松本桃香、
南泰葉、吉田貴、学頭貴子、五味梨緒奈

阿曽村雄太、海野太郎、遠藤賢介、岡森章男、
小野嘉伸、張勇祥、戸田敬久、飛田雅則、成瀬美和、
蛭田和也、松下太郎、皆上晃一、山下茂行

日経文庫
投資のきほん

2023年 8月10日 1版1刷
2024年 1月25日 4刷

編　者　日本経済新聞社
発行者　國分正哉
発　行　株式会社日経BP
日本経済新聞出版
発　売　株式会社日経BPマーケティング
〒105-8308 東京都港区虎ノ門4-3-12

装幀　next door design
本文デザイン　フロッグキングスタジオ
組版　マーリンクレイン
印刷・製本　三松堂

 ISBN978-4-296-11829-8
Printed in Japan

本書籍に関するお問い合わせ、ご連絡は下記にて承ります。
https://nkbp.jp/booksQA